아이스크림 어린이신문 ④

초등학생을 위한 달콤한 신문 읽기 프로젝트

아이스크림 어린이신문 ④

이세영 지음

아이스크림북스

 머리말

나와 우리의 이야기,
뉴스에 귀 기울여요

    뉴스는 '새로운 소식'을 말합니다. 사람들은 뉴스를 통해 알지 못하던 이야기를 알게 되고 그 소식을 가족이나 친구에게 전합니다. 뉴스 몇 가지만 알면 처음 만난 사람과도 어렵지 않게 대화를 이어갈 수 있기도 합니다.

    인터넷 언론사가 크게 늘어나면서 뉴스는 전보다 많이 생산되고 있습니다. 하지만 많은 뉴스가 실시간으로 쏟아져서인지 오전에 나온 뉴스는 오후에 나온 뉴스에 덮이고, 어제 나온 뉴스는 오늘 나온 뉴스에 묻히곤 합니다.

    이렇게 빠르게 잊히는 뉴스 가운데 두고두고 기억해야 할 뉴스도 있습니다. 온실가스 배출로 인한 기후 변화를 전하는 뉴스는 왜 폭염이 갈수록 심해지는지 고개를 끄덕이게 하고, 온실가스를 줄이기 위해서 우리가 무엇을 해야 하는지 궁금하게 만듭니다. 일터에서 일어난 근로자의 재해 사고를 전하는 뉴스는 우리 일터의 안전 불감증을 되짚어 보게 하고, 결국 안전한 일터를 만드는 결과를 가져옵니다.

만약 이런 뉴스를 사람들이 한 번 읽고 까맣게 잊는다면 어떤 일이 벌어질까요? 아마 우리는 전보다 더 끔찍한 내용의 뉴스를 만나게 될 거예요. 우리 삶과 사회도 앞으로 나아가지 못하고 뒷걸음질 치게 될 것이고요.

이 책에 담은 100개의 뉴스는 모두 우리와 연결되어 있습니다. 우리 가족의 이야기처럼 밀접하게 와닿는 뉴스도 있고, 나와 관련 없는 먼 나라의 이야기처럼 느껴지는 뉴스도 있을 거예요. 하지만 가만히 들여다보면 모두 우리의 이야기입니다. 우리가 과거에 겪었거나 앞으로 만나게 될 일들이에요. 뉴스를 읽으며 뉴스 속 주인공의 이야기에 귀 기울여 보세요. 개인주의가 만연한 현대 사회에서 다른 사람의 마음을 느껴 보는 것만큼 중요한 일은 없으니까요.

뉴스를 잊지 않고 내 지식으로 만들기 위해서 책 속 독후 활동을 꼭 해 보길 바랍니다. 잠깐의 활동을 통해 나의 머릿속에 저장된 뉴스는 나중에 글을 쓰고 이야기를 할 때 꺼내 쓸 수 있는 지식이 됩니다.

'지금 지구에서 어떤 일이 일어나고 있을까?', '사람들은 어떻게 살고 있을까?' 이에 대한 답을 『아이스크림 어린이신문』의 네 번째 책으로 내놓습니다.

이세영

아이스크림 어린이신문
이렇게 활용하세요!

중요 기사 확인
분야별로 선정한 100개 기사 중 시의성이 높은 기사에는 별도로 ⭐ 표시를 달았습니다. 현재 사회적 이슈이거나 화제성 높은 기사를 알아보세요.

핵심 단어 찾기
빈칸에 들어갈 알맞은 단어를 찾으면서 기사의 내용을 제대로 파악했는지 확인해 보세요.

꼼꼼히 읽기
기사 내용과 다른 점을 찾는 문제를 풀면서 문해력을 높이고, 기사 내용을 더 깊이 이해할 수 있습니다.

신문 기사
아이들의 눈높이에 맞춰 쉽고 재미있게 쓴 다양한 기사를 읽으며 긴 글 읽기를 시작해 보세요.

미리 보기 사전
본격적으로 기사를 읽기 전에 준비 운동부터 해야겠죠? 기사를 이해하도록 도와주는 핵심 키워드를 먼저 제시했습니다.

어휘 익히기
초성 힌트와 설명을 보고 어휘를 유추해 보면서 어휘력을 키울 수 있습니다.

생각 곱씹기
기사와 관련해 생각할 거리를 고민하고 함께 토론해 보세요. 기사를 읽은 아이들이 직접 자기 생각을 쓰면서 사고력을 키우고 세상을 바라보는 시야를 넓힐 수 있습니다.

어린이신문 속 5개 분야

빠르게 변화하는 세상을 이해하는 데 필수적인 경제, 세계, 사회문화, 과학, 환경 5개 분야에서 100개의 기사를 엄선했습니다. 기사를 읽을수록 세상을 더 넓고 깊게 바라보는 시선과 미래를 읽고 쓸 수 있는 미래 문해력을 키울 수 있습니다.

어휘 한눈에 보기

'어휘 익히기'에 다 담지 못한 어휘를 한자어와 순우리말로 구분하여 정리해 보세요. 어휘를 잘 이해할수록 신문 읽기가 쉬워집니다.

차례

- 나와 우리의 이야기, 뉴스에 귀 기울여요   4
- 아이스크림 어린이신문 이렇게 활용하세요!   6

경제

★ ① 보험료 1천 원, 미니 보험의 인기   16
② 중국을 떠난 공장들은 어디로 갔을까?   18
③ 덴마크에서 불닭볶음면 못 먹을 뻔!   20
④ 부익부 빈익빈, 유튜브는 양극화   22
⑤ 편의점, 얼마나 자주 가니?   24
⑥ 이제는 로봇도 구독하세요   26
★ ⑦ 탕후루 가고 두바이 초콜릿 왔다!   28
⑧ 우유도 수입해서 먹는 나라   30
⑨ K팝 시장 침체에 빠지나   32
⑩ 돈 버는 법이 궁금한 10대들   34
⑪ 전 세계가 홀딱 반한 K화장품   36
⑫ 손해 보느니 안 키울게요   38
★ ⑬ 스마트폰을 적게 쓰라고요?   40
⑭ 원자력 발전소를 수출합니다   42
⑮ 일도 구직도 안 할래요   44
⑯ 비상! ATM이 줄고 있어요   46
⑰ 개인 정보 유출은 이제 그만!   48
★ ⑱ 티몬·위메프 사태의 진실은?   50
⑲ 값싸고 아름다운 다이아몬드 탄생!   52
⑳ 이제 해외 개발자에게 맡겨요   54

✎ 어휘 한눈에 보기   56

세계

- ㉑ 유럽의회는 무슨 일을 할까? — 60
- ㉒ 인구 감소로 골머리 앓는 러시아 — 62
- ㉓ 천만 명 넘게 몰린 중국판 수능 시험 — 64
- ㉔ 전쟁이 앗아간 올림픽의 꿈 — 66
- ★ ㉕ 노쇼 하면 5유로 내세요 — 68
- ㉖ 남녀 격차가 가장 작은 나라는? — 70
- ㉗ 이공계 여학생을 환영합니다 — 72
- ★ ㉘ 이스라엘인은 몰디브에 오지 마세요 — 74
- ㉙ 값비싼 명품 가방의 이면 — 76
- ★ ㉚ 베네수엘라의 부정선거 공방 — 78
- ㉛ 위험천만한 성지 순례 — 80
- ㉜ 일본에 외국인 관광객이 우르르 — 82
- ㉝ 고립된 러시아가 꺼낸 비장의 카드 — 84
- ㉞ MZ 덕에 역주행한 탄산음료 — 86
- ㉟ 윽, 아이스크림에 베이컨 토핑이라니! — 88
- ★ ㊱ 이제 먹방 시청을 금지합니다 — 90
- ㊲ 센강에 똥을 쌉시다 — 92
- ㊳ 정직한 노숙인에게 다가온 행운 — 94
- ㊴ 가장 못생긴 개를 찾습니다 — 96
- ㊵ 중국과 베트남의 인공섬 만들기 대결 — 98
- ㊶ 우크라이나 후원하면 레고가 선물로! — 100
- ㊷ 도쿄와 오사카 잇는 컨베이어 벨트 — 102
- ㊸ 새 총리가 반가워, 야옹! — 104
- ★ ㊹ 불공정한 할당제는 결사반대! — 106

✏️ 어휘 한눈에 보기 — 108

사회문화

㊺	추모 공원, 우리 동네에 만드세요	112
㊻	뛰어놀지 않아서 뚱뚱해졌어요	114
㊼	국내 인기 1위 관광지는 순천만	116
★ ㊽	사도광산의 슬픈 역사를 밝히세요!	118
★ ㊾	서울에 분교가 생긴다고?	120
㊿	고령층에게 멀기만 한 키오스크	122
51	보이스 피싱에 속지 마세요!	124
52	우리 강아지를 복제해 주세요	126
53	폐기물 묻을 매립지를 찾습니다	128
54	은퇴 후에도 시골 안 가요	130
55	청년들의 이유 있는 결혼 거부	132
56	머지않아 부산이 사라진다?	134
★ 57	MZ 세대가 사랑한 아샷추	136
58	미국 박물관에 박수근의 위작 등장	138
59	경북 고령군의 위상이 높아졌어요!	140
60	비양도에서 치킨 시키신 분?	142
★ 61	오물 풍선, 왜 자꾸 보내요?	144
★ 62	노인 인구 천만 시대 열렸다	146
63	유료 시사회, 논란의 중심이 되다	148
★ 64	지하철역 이름을 팝니다	150
65	일회용 커피 캡슐, 우체통에 쏘옥~	152
66	버리지 말고 지켜 주세요	154
67	어린이집 줄고 노인 시설 늘었다	156
	✏ 어휘 한눈에 보기	158

과학

- ★ ⓲ 보잉 최초의 유인 비행 발사!   162
- ★ ⓳ 구글이 부활시킨 이것!   164
- ⓴ 47살 우주 탐사선의 오래된 여행   166
- ㉑ 우주 로켓도 재사용할 수 있어요   168
- ㉒ 혈액형 상관없이 수혈해요   170
- ㉓ 인도, 우주 강국으로 거듭나다   172
- ★ ㉔ 하늘을 막힘없이 나는 자동차   174
- ㉕ 달에 뻥 뚫린 지하 동굴이 있어요!   176
- ㉖ 인터넷 세상이 발칵! 클라우드 소동   178
- ㉗ 킁킁, 스트레스 냄새에 민감한 반려견   180
- ㉘ 소변을 식수로 마실 수 있다면?   182
- ★ ㉙ 특명! AI로 야생동물 로드킬을 막아라   184
- ㉚ 화성에서 고대 생명체 흔적 발견!   186
- ★ ㉛ 이런 풍력 발전기는 처음이지?   188
- ㉜ 미생물로 뚝딱 만드는 달걀   190
- ㉝ 달콤한 스무디에 각설탕이 수두룩   192
- ★ ㉞ AI로 똑똑해진 파리 올림픽   194

✏️ 어휘 한눈에 보기   196

환경

- ⭐ ⑧⑤ 무분별한 고래 사냥을 멈춰! — 200
- ⑧⑥ 독도를 점령한 불청객 — 202
- ⑧⑦ 활활 불타오른 세계 최대 습지 — 204
- ⭐ ⑧⑧ 비쩍 마른 사자를 구해 주세요 — 206
- ⑧⑨ 갑자기 댐을 14개나 짓는 이유 — 208
- ⑨⓪ 돼지 방귀에 세금 매겨요 — 210
- ⭐ ⑨⓪ 찜통더위로 한증막이 된 서울 — 212
- ⑨① 한국 이산화탄소 농도 역대 최고 — 214
- ⑨② 미국과 멕시코의 강물 전쟁 — 216
- ⑨③ 기후 수능 만점에 도전! — 218
- ⭐ ⑨④ 국민이 꼽은 가장 심각한 환경 문제는? — 220
- ⑨⑤ 굶주린 너구리 출몰 주의보! — 222
- ⑨⑥ 외래종 거북 퇴치 대작전 — 224
- ⑨⑦ 여름휴가는 북유럽으로 떠나요! — 226
- ⭐ ⑨⑨ 제주 남방큰돌고래를 구해 줘 — 228
- ⭐ ⑩⓪ 인도네시아 수도를 정글 한복판으로! — 230

- ✏️ 어휘 한눈에 보기 — 232

부록
- 정답 — 234
- 신문 어휘 찾아보기 — 237

일러두기

- 이 책에 나온 기사는 2024년 8월까지 각종 언론사에서 다룬 신문 기사와 뉴스를 참고하여 어린이 눈높이에 맞게 재구성했습니다.
- 이 책에 소개된 어휘의 뜻풀이와 외래어, 지명 등은 국립국어원의 표준국어대사전과 고려대 한국어대사전을 참고했습니다.
- 이 책에 삽입된 사진 및 삽화 이미지는 셔터스톡에서 구매했으며, 제공 받은 이미지는 출처를 표기했으므로, 저작권상 문제가 없습니다.

경제

- 미니 보험
- K화장품
- 리콜
- 두바이 초콜릿
- 디마케팅

보험료 1천 원, 미니 보험의 인기

> **미리 보기 사전**
>
> **보험료**
> 보험에 가입한 사람이 보험회사에 내는 일정한 돈을 뜻해요. 일정 기간 내지 않으면 보험 계약이 무효가 돼요.

보험회사들이 주머니가 가벼운 젊은 고객을 겨냥해 보험료 1천 원짜리 상품을 출시했어요. 기간도 하루 단위로 가입할 수 있는데요. 보험회사가 이런 상품을 내놓은 이유는 무엇일까요?

젊은 고객 흡수하는 보험회사

미니 보험은 소액 단기보험이라고도 불려요. 보장 기간이 짧은 대신 보험료가 낮고, 스마트폰만 있으면 쉽게 가입할 수 있어 인기를 끌어요. 보험회사 입장에서는 보험 가입률이 낮은 20~30대를 고객으로 흡수한다는 장점이 있어요. 보험 가입자는 보험 기간이 짧고 보장 범위도 좁지만 저렴한 가격에 원하는 보험에 가입할 수 있어 이득이고요.

저렴한 보험료로 안심하고 활동하는 가입자

미니 보험의 종류는 다양해요. 실외 운동을 즐긴다면 등산, 축구, 테니스, 낚시 등의 종목을 고르고 활동하는 날 보험료를 내면, 다쳤을 때 치료비를 받을 수 있어요. 아이돌 팬을 위한 보험도 있는데, 이 보험에 가입하면 공연장에서 상해를 입었거나 팬클럽 활동 중 사기를 당했을 때 피해를 보상받을 수 있어요. 또 캠핑을 즐기는 이들을 위해 캠핑장에서 다쳤을 때 보상해 주는 보험도 있고요. 미니 보험은 하루 1천 원 남짓한 저렴한 보험료로 최근 가입자가 꾸준히 늘고 있어요.

핵심 단어 찾기 빈칸에 들어갈 알맞은 단어를 찾아 ✓ 표 하세요.

- 보험에 가입한 사람이 보험회사에 내는 일정한 돈을 (　　)라고 해요.
- 소액 단기보험이라고도 불리는 (　　)은 짧은 시간 보장해 주는 대신에 보험료를 값싸게 책정해 인기를 끌고 있어요.

☐ 보험료
☐ 과태료
☐ 미니 보험
☐ 상해 보험

꼼꼼히 읽기 미니 보험에 대한 설명으로 틀린 것을 고르세요. (　　)

① 휴대전화만 있으면 어디서든 쉽게 가입할 수 있다.
② 보험회사 입장에서는 보험 가입률이 낮은 노년층을 고객으로 흡수할 수 있다.
③ 보험 가입자는 보험 기간이 짧고 보장 범위도 좁지만 저렴한 가격에 원하는 보험에 가입할 수 있다.
④ 미니 보험 중에는 아이돌 팬을 위한 보험도 있다.

어휘 익히기 다음 초성 힌트와 설명을 보고 해당하는 어휘를 적어 보세요.

- ㅅㅇ　　적은 액수.
- ㅂㅈ　　일이 어려움 없이 이루어지도록 조건을 마련하여 보증하거나 보호함.
- ㅂㅅ　　남에게 끼친 손해를 갚음.

생각 곱씹기 어떤 보험 상품이 출시되면 좋을까요? 이유와 함께 적어 보세요.

___
___
___

중국을 떠난 공장들은 어디로 갔을까?

> **미리 보기 사전**
>
> **니어쇼어링(Nearshoring)**
> 기업이 비용 절감 또는 규제를 피해 주요 소비 시장과 가까운 국가나 본사와 가까운 국가로 생산 시설을 옮기는 현상을 말해요.

2024년 5월 대한무역투자진흥공사(KOTRA)가 보고서를 냈어요. 이 보고서는 멕시코 니어쇼어링 흐름에 우리 기업이 대응하는 걸 돕기 위해 발간했는데요. 니어쇼어링이 무엇이기에 이런 보고서를 만들었을까요?

세계 최대 소비국인 미국과 인접한 멕시코

최근 몇 년 사이 중국산 제품에 대한 미국의 수입 장벽이 높아지고 중국의 인건비와 부동산 가격이 크게 올랐어요. 그러자 중국에 있던 글로벌 기업의 공장들이 줄줄이 멕시코로 옮겨가고 있어요. 멕시코는 세계 최대 소비국인 미국과 국경을 마주한 인접 국가예요. 그래서 미국으로 제품을 운반하는 물류비용이 적게 들어요. 멕시코는 15세 이상 노동 가능 인구 비중이 60.5%에 달할 정도로 노동력이 풍부해요. 게다가 기업에 대한 규제를 풀고 세금을 낮추는 기업 우대 정책도 펼치고 있어요.

미국에 수출하려면 멕시코 진출 검토해 봐야

미국이 중국 견제와 공급망 안정을 위해 니어쇼어링 정책을 펼친 결과 2023년 미국의 최대 수입 대상국은 멕시코로 나타났어요. 멕시코는 미국의 전체 수입액 중 15.4%의 비중으로 1위를 차지했어요. 2위는 13.9%인 중국, 3위는 13.7%인 캐나다였어요. 대한무역투자진흥공사가 낸 이 보고서는 우리 기업도 미국에 수출을 하기 위해서는 멕시코에 진출할 것을 검토해 보라는 조언을 담고 있어요.

핵심 단어 찾기 빈칸에 들어갈 알맞은 단어를 찾아 ✅ 표 하세요.

- 기업이 주요 소비 시장에 가까운 국가나 본사와 가까운 국가로 생산 시설을 옮기는 현상을 (　　)이라고 해요.
  - ☐ 젠트리피케이션
  - ☐ 니어쇼어링
- 최근 몇 년 사이에 (　　)산 제품에 대한 미국의 수입 장벽이 높아지고 (　　)의 인건비와 부동산 가격이 올랐어요.
  - ☐ 인도
  - ☐ 중국

꼼꼼히 읽기 멕시코로의 니어쇼어링에 대한 설명으로 <u>틀린</u> 것을 고르세요. (　　)

① 멕시코에 있던 글로벌 기업의 공장들이 중국으로 옮겨가고 있다.
② 멕시코는 세계 최대 소비국인 미국과 국경을 마주한 인접 국가이다.
③ 멕시코는 15세 이상 노동 가능 인구 비중이 60.5%에 달할 정도로 노동력이 풍부하다.
④ 멕시코 정부는 기업에 대한 규제를 풀고 세금을 낮춰주고 있다.

어휘 익히기 다음 초성 힌트와 설명을 보고 해당하는 어휘를 적어 보세요.

- ㅇㄱㅂ　　　사람을 부리는 데 드는 비용.
- ㄱㄹㅂ ㄱㅇ　　세계를 무대로 하여 큰 규모로 회사를 거느리고 물건을 생산·판매하는 기업.
- ㄱㄱㅁ　　　원재료의 조달부터 완제품의 소비에 이르기까지 재화와 서비스의 흐름이 이루어지는 연결망.

생각 곱씹기 우리 기업이 멕시코에 진출했을 때 장점을 한 가지 적어 보세요.

_____
_____
_____

덴마크에서 불닭볶음면 못 먹을 뻔!

미리보기사전

리콜(Recall)
어떤 상품에 결함이 있을 때 생산 기업에서 그 상품을 회수하여 점검·교환·수리해 주는 제도를 말해요.

　덴마크 정부가 삼양식품의 불닭볶음면 3가지 제품을 리콜했다가 한 달 뒤 2가지 제품은 리콜을 해제했어요. 덴마크 정부는 왜 이런 조치를 했을까요?

캡사이신의 함량이 너무 높아

　2024년 6월 덴마크 정부는 삼양식품의 '핵불닭볶음면 3배 매운맛', '핵불닭볶음면 2배 매운맛', '불닭볶음탕면'을 리콜 결정했어요. 덴마크 수의학·식품청 누리집을 보면 "제품에 들어 있는 캡사이신의 함량이 너무 높아 소비자가 급성 중독을 일으킬 위험이 있다."고 리콜 이유를 밝혔어요. 또한 어린이에게는 지나치게 매운 음식이 건강에 해롭다고 덧붙였어요. 불닭볶음면이 리콜 조치된 경우는 이번이 처음이에요.

리콜 해제했지만 1개 제품 여전히 금지

　그로부터 한 달 뒤 덴마크 정부는 '핵불닭볶음면 2배 매운맛'과 '불닭볶음탕면'의 리콜을 해제하고, 가장 매운 '핵불닭볶음면 3배 매운맛'은 계속 판매를 금지한다고 밝혔어요. 재평가 결과 2개 제품의 캡사이신 함량이 안전한 수준이라고 판단한 거예요. 불닭볶음면은 해외 여러 나라에서 인기를 끌고 있어요. 특히 미국에서는 품귀 현상까지 빚어질 정도예요. 이번 일을 계기로 삼양식품은 "불닭볶음면이 대표 K푸드인 만큼 세계 시장에서 매운맛의 기준을 더욱 체계적이고 안전하게 세우겠다."고 밝혔어요.

출처 : 삼양라면 누리집

핵심 단어 찾기 빈칸에 들어갈 알맞은 단어를 찾아 ✅ 표 하세요.

- 어떤 상품에 결함이 있을 때 생산 기업에서 그 상품을 회수하여 점검·교환·수리하여 주는 제도를 (　　)이라고 해요.
  - ☐ 환불
  - ☐ 리콜
- (　　) 정부가 삼양식품의 인기 제품 '불닭볶음면' 3가지 제품을 리콜했다가 2가지 제품은 리콜을 해제했어요.
  - ☐ 덴마크
  - ☐ 스웨덴

꼼꼼히 읽기 불닭볶음면에 대한 설명으로 <u>틀린</u> 것을 고르세요. (　　)

① 덴마크에서 리콜 조치한 불닭볶음면은 모두 3종이다.
② 덴마크 수의학·식품청 누리집에는 캡사이신의 함량이 너무 높아 소비자가 급성 중독을 일으킬 위험이 있어서라고 리콜 이유를 밝혔다.
③ 리콜 한 달 뒤 덴마크 정부는 3개 제품을 모두 리콜 해제했다.
④ 불닭볶음면의 인기에 힘입어 삼양식품의 해외 매출은 2023년에 최초로 8천억 원을 넘어섰다.

어휘 익히기 다음 초성 힌트와 설명을 보고 해당하는 어휘를 적어 보세요.

- ㅎㅅ　도로 거두어들임.
- ㅍㄱ　물건을 구하기 어려움.
- ㄱㅈ　법이나 규칙으로 어떤 일을 못하게 함.

생각 곱씹기 외국인이 불닭볶음면을 좋아하는 이유는 뭐라고 생각하나요?

_____
_____
_____

부익부 빈익빈, 유튜브는 양극화

> **미리보기 사전**
>
> **유튜버(YouTuber)**
> 동영상 공유 사이트 유튜브에서 활동하는 개인 업로더를 가리키는 말이에요.

많은 돈을 벌 수 있다는 생각에 유튜브를 시작한 사람들이 많아요. 내가 만든 영상을 유튜브에 올려 인기와 돈을 얻는 것은 모두가 원하는 장밋빛 그림이에요.

대부분의 유튜버는 제작비 회수도 힘들어

2024년 1월 과학기술정보통신부가 발표한 '디지털 크리에이터 미디어 산업 실태조사'에 따르면 국내 크리에이터 사업장은 총 1만 1,000여 개에 달하지만 이중 81%가 직원 5인 미만의 영세한 사업장이었어요. 구독자가 많고 수익이 높은 유튜버는 몇 안 되고, 대부분의 유튜버는 제작비를 회수하지 못할 정도로 재정이 어려운 상황이에요. 구독자 600만 명을 보유한 채널 '십오야'의 나영석 PD도 유튜브에서 적자가 난다고 밝힌 바 있어요.

다양한 플랫폼 등장으로 유튜브 광고 수익 주춤

유튜버의 주된 수입원은 유튜브 본사에서 정산하는 광고 수익과 구독자가 후원하는 슈퍼챗이에요. 유튜브가 수익 창출 조건을 낮췄지만 전보다 채널 수가 늘면서 구독자가 분산되어 광고 수익이 크게 줄었어요. 게다가 다양한 동영상 플랫폼이 등장해 유튜브 전체의 광고 수익도 주춤하는 상황이에요. 기대만큼 수익이 나지 않자 활동 중단을 선언하는 유튜버도 늘고 있어요.

핵심 단어 찾기 빈칸에 들어갈 알맞은 단어를 찾아 ☑ 표 하세요.

- 동영상 공유 사이트 유튜브에서 활동하는 개인 업로더를 ( )라고 해요.
  - ☐ 다이버
  - ☐ 유튜버
- 유튜버의 주된 수입원은 유튜브 본사에서 정산하는 ( )과 구독자가 후원하는 슈퍼챗이에요.
  - ☐ 광고 수익
  - ☐ 판매 수익

꼼꼼히 읽기 유튜브와 유튜버에 대한 설명으로 틀린 것을 고르세요. ( )

① 국내 크리에이터 사업장 가운데 81%가 직원 5인 미만의 영세한 사업장이다.
② 구독자가 많고 수익이 높은 유튜버는 몇 안 되고, 대부분의 유튜버는 제작비를 회수하지 못할 정도로 어려운 상황이다.
③ 채널 수가 늘어나면서 구독자가 분산되어 광고 수익이 줄어들고 있다.
④ 다양한 동영상 플랫폼이 등장해 유튜브 전체의 광고 수익도 증가하고 있다.

어휘 익히기 다음 초성 힌트와 설명을 보고 해당하는 어휘를 적어 보세요.

- ㅇㅅㅎㄷ   살림이 보잘것없고 몹시 가난하다.
- ㅅㅇ   이익을 거두어들임. 또는 그 이익.
- ㄱㄱ   상품이나 서비스에 대한 정보를 여러 가지 매체를 통하여 소비자에게 널리 알리는 활동.

생각 곱씹기 한때 유튜버는 초등학생 희망 직업 1위였어요. 그 자리를 대체할 희망 직업은 무엇이 있을까요?

편의점, 얼마나 자주 가니?

> **편의점**
> 고객의 편의를 위하여 24시간 문을 여는 잡화점을 말해요. 주로 식료품 등을 판매하고 ATM, 택배 등의 생활 편의 서비스도 제공해요.

2024년 7월 한국소비자원이 국내 4대 편의점 프랜차이즈의 이용 행태를 발표했어요. 조사 결과 소비자의 76.7%가 주 1회 이상 편의점을 찾는다고 응답했어요. 편의점을 찾은 소비자가 가장 자주 사는 상품은 무엇일까요?

편의점에서 평균 1만 710원 쓴다

이번 조사는 2024년 4월 온라인으로 6개월 이내 편의점 프랜차이즈를 이용한 경험이 있는 소비자 1,600명을 대상으로 진행됐어요. 조사 결과 편의점에서 자주 사는 상품은 음료(31.1%)가 가장 많았고, 간편식 식사류(26.6%), 과자·아이스크림·빵류(13.4%) 순이었어요. 소비자가 편의점에서 지출한 금액은 평균 1만 710원으로, 3년 전인 8,734원보다 22.6% 늘었어요.

생활 플랫폼으로 자리매김 중

편의점에서 택배, 현금 입출금기(ATM), 교통카드 충전 등 생활 편의 서비스를 경험하는 비율도 높아졌어요. 이러한 서비스를 이용한 소비자는 전체의 62.1%로 3년 전보다 20.5% 높아졌어요. 편의점이 생활 플랫폼으로 자리매김 하는 모습이에요. 정부가 발표한 주요 유통업체의 2023년 매출 동향에 따르면 편의점 매출 증가율은 2022년 대비 8.1% 증가해 백화점(2.2%)과 대형마트(0.5%)의 증가율을 앞질렀어요.

핵심 단어 찾기 빈칸에 들어갈 알맞은 단어를 찾아 ☑ 표 하세요.

- 고객의 편의를 위하여 24시간 문을 여는 잡화점을 (　　)이라고 해요.
  - ☐ 백화점
  - ☐ 편의점

- 편의점에서 택배, 현금 입출금기, 교통카드 충전 등의 (　　)를 경험하는 비율도 높아졌어요.
  - ☐ 생활 편의 서비스
  - ☐ 배달 서비스

꼼꼼히 읽기 편의점에 대한 설명으로 <u>틀린</u> 것을 고르세요. (　　)

① 한국소비자원의 조사 결과 소비자의 76.7%가 주1회 이상 편의점을 방문한다고 응답했다.
② 소비자가 편의점에서 자주 사는 상품은 음료가 가장 많았다.
③ 소비자가 편의점을 찾았을 때 지출한 금액은 평균 1만 710원으로, 3년 전보다 줄었다.
④ 편의점의 매출 증가율은 백화점과 대형마트의 증가율을 앞질렀다.

어휘 익히기 다음 초성 힌트와 설명을 보고 해당하는 어휘를 적어 보세요.

- ㅍㅇ　　　형편이나 조건이 편하고 좋음.

- ㄱㅍㅅ　　　간단하고 편리하게 조리하여 먹을 수 있는 음식.

- ㄷㅎ　　　사람들의 사고, 사상, 활동이나 일의 형세가 움직여 가는 방향.

생각 곱씹기 앞으로도 편의점은 계속 성장할까요? 나의 생각을 이유와 함께 적어 보세요.

이제 로봇도 구독하세요

구독
신청을 통해 정해진 기간 동안 상품과 서비스를 받아 보거나 이용하는 것을 말해요.

로봇을 구독하는 시대가 열렸어요. 식당에서 서빙하는 로봇부터 주방에서 조리하는 로봇까지 구독 서비스가 확대되는 추세예요. 이제 집안일을 하는 로봇을 구독할 날도 멀지 않았어요.

월 66만 원에 배송·서빙 로봇 구독 서비스

2024년 7월 LG전자는 로봇 구독 서비스를 시작했어요. 상점, 호텔, 병원, 식당 등에서 월 66만 원에 LG전자의 배송·서빙 로봇 '클로이 서브봇'을 구독할 수 있게 됐는데요. LG전자는 6개월마다 로봇 상태 점검과 외관 청소 등의 관리 서비스를 제공해요. 클로이 서브봇을 구독하지 않고 구매하려면 약 2,000만 원이 드는 것으로 알려졌어요. 식당에서는 월 140만 원에 LG전자의 튀김 조리 로봇 '튀봇'을 구독할 수 있어요. 튀봇은 반죽된 재료를 기계에 올리면 로봇이 자동으로 조리해요.

비용 줄이고 관리도 받을 수 있어

플랫폼 기업 우아한형제들도 자회사를 통해 2018년부터 서빙 로봇을 운영 중이에요. 현재 공급한 서빙 로봇 3,100대 가운데 약 95%가 구독 서비스로 운영 중랍니다. 로봇을 구매하려면 비용이 많이 들고 관리도 쉽지 않아요. 하지만 구독 서비스를 이용하면 비용을 줄일 수 있고 지속적으로 관리받을 수 있어 이득이에요.

출처 : LG전자 누리집

핵심 단어 찾기 빈칸에 들어갈 알맞은 단어를 찾아 ✓ 표 하세요.

- 신청을 통해 정해진 기간 동안 상품과 서비스를 받아 보거나 이용하는 것을 (　　)이라고 해요.

- 2024년 7월 LG전자는 (　　) 구독 서비스를 시작했어요.

☐ 구독
☐ 열독
☐ 로봇
☐ 신문

꼼꼼히 읽기 로봇 구독 서비스에 대한 설명으로 틀린 것을 고르세요. (　　)

① 월 66만 원이면 배송·서빙 로봇 '클로이 서브봇'을 구독할 수 있다.
② 클로이 서브봇을 구독하지 않고 구매하려면 약 2,000만 원이 드는 것으로 알려졌다.
③ 식당에서는 월 140만 원에 LG전자의 튀김 조리 로봇 '튀봇'을 구독할 수 있다.
④ 로봇 구독 서비스를 이용하면 비용을 줄일 수 있지만 지속적으로 관리를 받을 수 없다.

어휘 익히기 다음 초성 힌트와 설명을 보고 해당하는 어휘를 적어 보세요.

- ㅂㅅ　　　물자를 여러 곳에 나누어 보내 줌.

- ㅅㅂ　　　음식점이나 카페에서 음식을 나르며 손님의 시중을 드는 일.

- ㅈㅎㅅ　　다른 회사와 자본적 관계를 맺어 그 회사의 지배를 받는 회사.

생각 곱씹기 여러분은 어떤 로봇을 구독하고 싶은지 이유와 함께 적어 보세요.

_____
_____
_____

탕후루 가고 두바이 초콜릿 왔다!

> **미리 보기 사전**
>
> **두바이 초콜릿**
> 아랍에미리트 두바이의 디저트 업체 '픽스 디저트 쇼콜라티에'가 만든 초콜릿이에요. 초콜릿 안에 볶음국수와 피스타치오 크림을 채워, 바삭하고 고소한 맛이 특징이에요.

전 세계에서 인기를 끄는 두바이 초콜릿은 제한 시간 내 한정된 수량만 주문받고, 유통 기한도 3~4일로 짧아서 그동안 국내에서 구하기 어려웠는데, 이제 편의점에서 만날 수 있게 됐어요.

편의점에는 '두바이식' 초콜릿

두바이 초콜릿은 2024년 7월 초 CU편의점을 시작으로 7월 말부터 GS25, 세븐일레븐 등 다른 편의점도 판매를 시작했어요. 편의점에서 판매하는 두바이 초콜릿은 엄밀히 말하면 '두바이식' 초콜릿이에요. 두바이에서 수입한 제품이 아니라 국내 중소기업과 협업해 만든 제품인 거예요. 두바이 초콜릿과 맛은 거의 같은데 가격은 싼 '가성비 제품'이지요. 진짜 두바이 초콜릿은 2024년 10월 정식으로 수입될 예정이에요.

인플루언서의 먹방 영상으로 유명해져

이 초콜릿을 처음 소개한 건 유명 인플루언서인 마리아 베하라예요. 2023년 12월에 올린 두바이 초콜릿 ASMR 먹방 영상은 조회 수가 5,200만 회를 넘을 정도로 반응이 뜨거웠어요. 우리나라에서는 제품을 구하기 어렵다 보니 유튜버들이 직접 두바이 초콜릿 만드는 영상을 찍어 올리기도 했어요. 유통업계 전문가들은 "국내에서 두바이 초콜릿을 구하기 힘든 만큼 편의점에서 판매하는 제품들이 당분간 인기를 끌며 품귀 현상을 빚을 것."이라고 전망했어요.

출처 : 픽스 디저트 쇼콜라티에 인스타그램

핵심 단어 찾기 빈칸에 들어갈 알맞은 단어를 찾아 ✅ 표 하세요.

- 두바이의 디저트 업체 '픽스 디저트 쇼콜라티에'가 만들어 인기를 끌고 있는 초콜릿을 (　　) 초콜릿이라고 해요.
- 편의점에서 판매하는 두바이 초콜릿은 맛은 거의 같은데 가격은 싼 (　　) 제품이에요.

☐ 바이바이
☐ 두바이
☐ 가성비
☐ 산성비

꼼꼼히 읽기 두바이 편의점에 대한 설명으로 틀린 것을 고르세요. (　　)

① 볶음국수와 피스타치오 크림을 두꺼운 초콜릿 안에 채워, 바삭한 식감과 달콤 고소한 맛이 특징이다.
② 편의점에서 판매하는 두바이 초콜릿은 엄밀히 말하면 '두바이식' 초콜릿이다.
③ 두바이 초콜릿을 처음 소개한 건 유명 인플루언서인 마리아 베하라다.
④ 전문가들은 편의점에서 판매하는 두바이 초콜릿은 인기를 끌지 못할 것으로 전망했다.

어휘 익히기 다음 초성 힌트와 설명을 보고 해당하는 어휘를 적어 보세요.

- ㅅㄱ　　　　음식을 먹을 때 입안에서 느끼는 감각.
- ㅇㅌㄱㅎ　　주로 식품 등의 상품이 시중에 유통될 수 있는 기한.
- ㅅㅇ　　　　다른 나라에서 상품이나 기술 등을 사들임.

생각 곱씹기 두바이 초콜릿의 인기는 반짝 특수일까요, 한동안 이어질까요? 이유와 함께 예측해 보세요.

_____
_____
_____

우유도 수입해서 먹는 나라

미리보기사전

멸균 우유
140℃의 초고온에서 2초 이상 가열 처리한 우유를 뜻해요. 멸균 상태로 종이 용기에 넣으며 냉장하지 않아도 60~90일간 보존할 수 있어요.

물가가 오르고 국내 우윳값도 오르자 수입 멸균 우유를 마시는 사람들이 늘었어요. 고온에서 가열해 미생물을 없앤 멸균 우유는 국내산 우유보다 가격이 저렴하고 보관 기간이 길어 인기를 끌고 있어요.

아동 인구 감소로 국내 우유 소비량 줄어

2023년 국내 우유 소비량은 430만 8,350톤으로 2022년보다 2% 감소했어요. 우유의 주 소비층인 아동과 청소년 인구가 줄어든 것이 감소 원인으로 꼽혀요. 이렇게 우유 소비가 줄어드는 와중에 가격이 저렴한 수입 멸균 우유가 인기를 끌면서 국내 우유업계의 고민이 깊어졌어요. 관세청에 따르면 2023년 멸균 우유 수입량은 3만 7,361톤으로 2022년보다 20% 늘어났다고 해요.

저렴한 가격이 매력적인 수입 멸균 우유

수입 멸균 우유의 인기 요인은 저렴한 가격이에요. 대형마트에서 판매하는 폴란드산 우유 1ℓ가 1,900원, 독일산 우유 1ℓ가 2,380원에 불과해요. 반면 국내산 우유 1ℓ의 가격은 2,600~2,800원이에요. 문제는 올해 국내산 우유 가격이 더 오를 수 있다는 거예요. 국내산 우유의 가격은 생산자 단체와 협상을 통해 결정되는데요. 우유업계는 가격 인상을 최소화하길 원하지만 생산자 단체는 사룟값 등 생산비가 올랐기에 가격 인상을 원하고 있어요.

핵심 단어 찾기 빈칸에 들어갈 알맞은 단어를 찾아 ✅ 표 하세요.

- 140℃의 초고온에서 2초 이상 가열 처리 한 우유를 (　　)라고 해요.
- 멸균 우유는 (　　)보다 가격이 저렴하고 보관 기간이 길어 인기를 끌고 있어요.

☐ 분유
☐ 멸균 우유
☐ 국내산 우유
☐ 수입 우유

꼼꼼히 읽기 수입 멸균 우유에 대한 설명으로 틀린 것을 고르세요. (　　)

① 2023년 국내 우유 소비량은 2022년보다 2% 감소했다.
② 우유 소비가 감소한 원인은 노년층의 인구가 줄어든 것이 꼽힌다.
③ 수입 멸균 우유의 인기 요인은 저렴한 가격이다.
④ 우유업계는 가격 인상을 최소화하길 원하지만 생산자 단체는 생산비가 올랐기에 가격 인상을 원하고 있다.

어휘 익히기 다음 초성 힌트와 설명을 보고 해당하는 어휘를 적어 보세요.

- ㅁㄱ　　균을 완전히 없애 무균 상태로 만듦.
- ㅅㅅㅈ　재화의 생산에 종사하는 사람.
- ㅅㄹ　　가축에게 주는 먹을거리.

생각 곱씹기 국내 우유업계는 제품의 어떤 점을 내세워 홍보하면 좋을까요?

_____
_____
_____

K팝 시장 침체에 빠지나

> **미리보기사전**
> **K팝**(K-Pop)
> 한국 외의 나라에서 한국의 대중가요를 일컫는 말이에요. 주로 글로벌 시장에서 대중적 인기가 있는 한국의 댄스음악을 말해요.

우리나라의 음반 수출액이 2024년 상반기(1~6월) 기준으로 9년 만에 처음으로 줄었어요. 또한 같은 기간의 음반 판매량도 2023년보다 줄어서, K팝 시장이 침체에 빠지는 것이 아닌지 우려가 나오고 있어요.

음반 수출액 9년 만에 감소

관세청 수출입 무역통계에 따르면 2024년 1~6월 음반 수출액은 1억 3,032만 달러(1,794억 원)로 2023년 같은 기간 수출액보다 2% 줄었어요. 상반기 기준 음반 수출액이 감소한 것은 2015년 이후 9년 만의 일이에요. 2015년 이후 K팝 음반 수출은 한류 바람을 타고 성장세를 이어왔어요. 2024년 상반기 음반 수출액을 나라별로 살펴보면 일본이 4,693만 달러(648억 원)로 가장 많았고, 미국과 중국이 뒤를 이었어요.

음반 판매량 전년보다 800만 장 감소

K팝 시장의 흐름을 가늠할 수 있는 총 음반 판매량도 줄어들었어요. 2024년 상반기 1~400위 앨범 판매량은 약 4,760만 장으로 2023년 같은 기간보다 800만 장 줄었어요. 실제로 주요 K팝 가수들이 올해 내놓은 음반이 전작에 못 미치는 판매량을 기록한 경우가 많아요. 전문가들은 최근 몇 년 동안 아이돌의 팬클럽이 벌인 음반 판매량 경쟁이 제자리를 찾아가는 과정이라고 분석했어요.

핵심 단어 찾기 빈칸에 들어갈 알맞은 단어를 찾아 ✓ 표 하세요.

- ( )은 한국 외의 나라에서 한국의 대중가요를 일컫는 말이에요.
- 우리나라의 ( ) 수출액이 2024년 상반기 기준으로 9년 만에 처음으로 줄었어요.

☐ J팝
☐ K팝
☐ 음반
☐ 영화

꼼꼼히 읽기 K팝 음반 판매와 수출에 대한 설명으로 틀린 것을 고르세요. ( )

① 2024년 상반기 음반 수출액은 2023년 같은 기간 수출액보다 2% 감소했다.
② 상반기 기준 음반 수출액이 감소한 것은 2015년 이후 9년 만의 일이다.
③ 2024년 상반기 1~400위 앨범 판매량은 2023년 같은 기간보다 800만 장 줄었다.
④ 주요 K팝 가수들이 올해 내놓은 음반은 전작을 뛰어넘는 판매량을 기록한 경우가 많다.

어휘 익히기 다음 초성 힌트와 설명을 보고 해당하는 어휘를 적어 보세요.

- ㅊㅊ   어떤 현상이나 사물이 진전하지 못하고 제자리에 머무름.
- ㅅㅊㅇ   수출로 벌어들인 돈의 액수.
- ㅍㅁㄹ   일정한 기간에 상품을 파는 양.

생각 곱씹기 전 세계에서 K팝이 인기를 얻고 있는 이유는 무엇일까요?

_____
_____
_____

돈 버는 법이 궁금한 10대들

> **금융 관심사**
> 금융과 관련해 관심을 갖는 일을 말해요.
>
> 미리보기사전

KB국민은행이 10대의 금융 관심사를 파악하기 위해 2024년 1~4월에 13세~19세 청소년을 대상으로 네이버와 구글 검색 데이터를 분석했어요. 10대의 금융 관심사 1위는 뭐였을까요?

가장 많이 검색한 키워드는 '돈 벌기'

10만여 개의 금융 키워드를 분석한 결과 10대가 가장 많이 검색한 키워드는 '돈 벌기'와 관련된 키워드였어요. '돈 버는 법', '돈 벌기', '돈 잘 버는 법' 순으로 검색량이 많았어요. 돈 버는 방법 중 하나인 앱테크에 대한 10대의 검색 데이터 분석 결과를 보면 10대는 앱 퀴즈 참여, 걸음 수 적립, 설문 등 일상생활을 하며 자연스럽게 포인트 쌓는 방식을 선호했어요.

10대의 금융 접근성을 높이기 위해 할 일은?

아르바이트 연관 검색어에서는 상하차 알바, 패스트푸드점 알바 등이 인기 검색어에 올라, 10대가 단기 알바에 관심이 많은 것으로 나타났어요. 이번 분석 결과를 보면 10대는 '채권 뜻', '예금·적금 차이', '신탁 뜻'과 같은 어려운 금융 용어에 대해서도 많이 검색했어요. KB국민은행 관계자는 "10대의 금융 접근성을 높이기 위해 어려운 금융 용어를 쉬운 언어로 바꾸는 노력이 필요하다."고 의견을 밝혔어요.

핵심 단어 찾기 빈칸에 들어갈 알맞은 단어를 찾아 ✓ 표 하세요.

- 금융과 관련해 관심을 갖고 있는 일을 금융 (　　) 라고 해요.

- 10만여 개의 금융 키워드를 분석한 결과 10대가 가장 많이 검색한 키워드는 (　　) 와 관련된 키워드였어요.

☐ 관심사
☐ 혐오
☐ 돈 벌기
☐ 돈 쓰기

꼼꼼히 읽기 10대의 금융 관심사에 대한 설명으로 <u>틀린</u> 것을 고르세요. (　　)

① KB국민은행이 10대의 금융 관심사를 파악하기 위해 인터넷의 검색 데이터를 분석했다.
② '돈 벌기'와 관련된 키워드는 '돈 버는 법', '돈 벌기', '돈 잘 버는 법' 순으로 검색량이 많았다.
③ 10대는 앱 퀴즈 참여, 설문 등 일상생활을 하며 자연스럽게 포인트 쌓는 방식을 선호한다.
④ 10대는 아르바이트에 관심이 없는 것으로 나타났다.

어휘 익히기 다음 초성 힌트와 설명을 보고 해당하는 어휘를 적어 보세요.

- ㅋㅇㄷ　　데이터를 검색할 때 사용하는 단어나 기호.

- ㅅㅎ　　여럿 가운데서 특별히 가려서 좋아함.

- ㅅㅎㅊ　　차에 짐을 싣거나 차에서 짐을 내려 부림.

생각 곱씹기 금융과 관련해 검색하고 싶은 키워드가 있나요? 이유와 함께 적어 보세요.

_____

_____

_____

전 세계가 홀딱 반한 K화장품

> **미리보기 사전**
>
> **K화장품**
> 한국산 화장품을 말해요. K팝, K드라마 등 품목 앞에 'K'가 붙은 것은 한국산임을 나타내는 표현이에요.

K화장품이 화장품 강국인 미국·일본·유럽까지 영역을 넓혀가고 있어요. 그 결과 2024년 상반기(1~6월) 화장품 수출액은 역대 최대치를 기록했어요.

화장품 수출액 100억 달러 눈앞

2024년 상반기 화장품 수출액은 2023년 같은 기간과 비교해 18.1% 늘어난 48억 2,000만 달러(약 6조 6,600억 원)로 집계됐어요. 이러한 증가 추세가 하반기에도 유지되면 2024년 화장품 수출액은 최초로 100억 달러를 넘을 가능성이 커요. 하반기에는 중국 광군제, 미국 블랙프라이데이 등 유통업계의 굵직한 행사가 대거 몰려 있어 상반기보다 수출액이 높은 편이에요. 나라별 수출액을 보면 중국이 12억 1,000만 달러로 가장 많았고, 미국(8억 7,000만 달러), 일본(4억 8,000만 달러) 순이었어요.

유행과 변화에 민감한 K화장품

K화장품은 품질이 우수하고 가성비가 좋아 전 세계에서 인기가 높아요. 또한 소비시장의 유행을 읽고 변화를 받아들여 신제품에 즉각 반영해요. 최근 한 흑인 인플루언서가 본인의 피부에 한국 파운데이션이 너무 밝다고 언급하자, 이를 본 화장품 브랜드는 바로 흑인 피부에 적합한 신제품을 출시해 폭발적 인기를 끌었어요.

핵심 단어 찾기 빈칸에 들어갈 알맞은 단어를 찾아 ✓ 표 하세요.

- 한국산 화장품을 흔히 (　　) 화장품이라고 불러요.

- 2024년 상반기 화장품 (　　)은 2023년 같은 기간과 비교해 18.1% 늘어난 48억 2,000만 달러로 역대 최대치를 기록했어요.

☐ K
☐ J
☐ 수출액
☐ 수입액

꼼꼼히 읽기 K화장품에 대한 설명으로 틀린 것을 고르세요. (　　)

① K화장품이 화장품 강국인 미국·일본·유럽까지 영역을 넓혀가고 있다.
② 2024년 화장품 수출액은 최초로 100억 달러를 넘을 가능성이 크다.
③ 수출액을 나라별로 보면 미국이 가장 많았고, 중국, 일본 순이었다.
④ K화장품은 품질이 우수하고 가성비가 좋아 전 세계에서 인기를 끌고 있다.

어휘 익히기 다음 초성 힌트와 설명을 보고 해당하는 어휘를 적어 보세요.

- ㅊㅅ　　　어떤 현상이 일정한 방향으로 나아가는 경향.

- ㅇㅌㅇ　　　상품을 생산자에서부터 소비자에게 전달하는 활동을 담당하는 산업.

- ㅍㅇㄷㅇㅅ　　가루분을 기름에 섞어 액체 또는 고체 형태로 만든 화장품.

생각 곱씹기 K화장품이 외국에서 인기를 얻는 비결은 무엇일까요?

_____
_____
_____

37

손해 보느니 안 키울게요

미리보기 사전

📎 **한우**
국내산 소의 한 품종으로 누런 갈색이에요. 체질이 강하고 성질이 온순하며 고기 맛이 좋아요. 과거에는 농사와 운송 등에 이용하기도 했어요.

한우 사육 마릿수가 1년 전보다 줄었어요. 생산비는 올랐는데 솟값이 폭락해 한우 사육을 포기하는 농가가 늘고 있기 때문이에요.

소 한 마리 팔 때마다 200만 원 손해

2024년 7월 통계청이 발표한 조사 결과에 따르면 2024년 2분기 국내 한우·육우 사육 마릿수는 356만 2,000마리로 1년 전보다 18만 6,000마리(-5%)나 줄었어요. 한우 사육 마릿수가 줄어든 이유는 가격 하락 때문이에요. 1등급 한우 안심 소비자 가격은 2021년에 100g당 1만 3,778원에서 2024년에 1만 2,729원으로 떨어졌어요. 한우 농가는 사룟값 등 생산비는 크게 올랐는데 솟값이 떨어지다 보니 소 한 마리를 팔 때마다 200만 원씩 손해 본다고 주장하고 있어요.

비싼 한우 덜 찾는 소비자들

이에 전국한우협회는 국회 앞에서 '한우 반납 투쟁'을 벌이기도 했어요. 농민들이 집회에 소를 끌고 와 정부에 반납하는 퍼포먼스를 벌인 건데요. '키워서 돈도 안 되는 소를 가져가라'는 뜻이었어요. 한우 농가가 어려워진 또 다른 이유는 한우 판매가 줄어든 탓도 있어요. 고물가에 소비자들이 다른 고기보다 비싼 한우를 사 먹을 여력이 줄었기 때문이에요. 반면 닭과 오리의 사육 마릿수는 1년 전보다 증가했어요.

핵심 단어 찾기 빈칸에 들어갈 알맞은 단어를 찾아 ✓ 표 하세요.

- ( )는 소의 한 품종으로 누런 갈색이에요. 체질이 강하고 성질이 온순하며 고기 맛이 좋아요.
- 생산비는 올랐는데 ( )이 폭락해 한우 사육을 포기하는 농가가 늘고 있어요.

☐ 한우
☐ 젖소
☐ 솟값
☐ 사룟값

꼼꼼히 읽기 한우 사육에 대한 설명으로 <u>틀린</u> 것을 고르세요. ( )

① 2024년 2분기 국내 한우·육우 사육 마릿수는 1년 전보다 5% 줄었다.
② 한우 사육 마릿수가 줄어든 이유는 전염병이 돌며 폐사한 소가 많기 때문이다.
③ 전국한우협회는 국회 앞에서 '한우 반납 투쟁'을 벌였다.
④ 고물가에 소비자들은 한우를 사 먹을 여력이 줄었다.

어휘 익히기 다음 초성 힌트와 설명을 보고 해당하는 어휘를 적어 보세요.

- ㅎ ㄹ   값이나 등급 등이 떨어짐
- ㅅ ㄹ ㄱ   가축에게 주는 먹이의 가격.
- ㄱ ㅁ ㄱ   높은 물가.

생각 곱씹기 한우 농가를 위해 정부는 어떤 정책을 펼쳐야 할까요?

_____
_____
_____

스마트폰을 적게 쓰라고요?

> **디마케팅(Demarketing)**
> 상품의 판매를 감소시키려는 마케팅 활동을 뜻해요. 기업의 사회적 책임을 수행하거나 수익에 도움이 되지 않는 고객층을 밀어내려는 경우에 사용해요.
>
> 미리보기사전

LG유플러스가 MZ 세대 고객을 대상으로 '스마트폰 덜 쓰기' 캠페인을 시작했어요. 통신사 입장에서는 고객이 스마트폰을 많이 써서 데이터 사용량이 늘어야 수익이 날 텐데 이런 캠페인을 펼치는 이유가 뭘까요?

디지털 디톡스 강조하는 통신사 광고

LG유플러스는 통신 플랫폼 '너겟'에서 MZ 세대 고객들의 올바른 디지털 습관을 권장하는 '몰입의 순간에 접속해' 캠페인을 시작했어요. 자신의 일상에 맞춰 스마트폰과 데이터를 사용함으로써, 스마트폰 과다 의존을 방지하라는 내용을 담았어요. 디지털 기기 사용을 중단하고 휴식을 취하는 '디지털 디톡스'를 강조하고 나선 거예요.

"우리 제품 덜 쓰세요!"

이런 캠페인은 '우리 제품을 덜 사라'고 말하는 '디마케팅'으로 볼 수 있어요. 기업의 사회적 책무를 강조함으로써 기업의 이미지를 긍정적으로 바꾸려는 거예요. 스위스의 식품 제조 기업 네슬레는 분유를 판매하지만 모유의 우수성을 알리고 생후 2~3개월까지는 모유를 수유하라는 광고를 내보내기도 했어요. 모유 수유가 힘들다면 모유와 비슷한 네슬레의 제품을 사용하라는 의도였어요. 이러한 전략은 기업 이미지를 개선하는 효과를 가져와요.

핵심 단어 찾기 빈칸에 들어갈 알맞은 단어를 찾아 ✓ 표 하세요.

- 상품의 판매를 감소시키려는 마케팅 활동을 (　　)이라고 해요.
- LG유플러스가 MZ 세대 고객을 대상으로 (　　) 덜 쓰기 캠페인을 시작했어요.

☐ 텔레마케팅
☑ 디마케팅
☐ 스마트폰
☐ 가계부

꼼꼼히 읽기 LG유플러스의 디마케팅 전략에 대한 설명으로 틀린 것을 고르세요. (　　)

① LG유플러스는 MZ 세대 고객들의 올바른 디지털 습관을 권장하는 브랜드 캠페인을 시작했다.
② 이 캠페인은 스마트폰 과의존을 방지하라는 내용을 담고 있다.
③ 이 캠페인은 '우리 제품을 덜 사라'고 말하는 '디마케팅'으로 볼 수 있다.
④ 신제품을 강조함으로써 기업의 매출을 최대치로 올리려는 전략이다.

어휘 익히기 다음 초성 힌트와 설명을 보고 해당하는 어휘를 적어 보세요.

- ㄱㅇㅈ　　어떤 물체에 심하게 의존하는 것.
- ㄷㅈㅌ　　디지털 기기를 지나치게 사용하는 사람들이 디지털 기기 사용을
  ㄷㅌㅅ　　중단하고 휴식을 취하는 것.
- ㅊㅁ　　직무에 따른 책임이나 임무.

생각 곱씹기 디마케팅 광고를 하는 회사에 대응해 경쟁사는 어떤 광고를 하면 좋을까요?

_____

_____

_____

원자력 발전소를 수출합니다

> **미리보기 사전**
>
> **원자력 발전소**
> 원자핵이 붕괴할 때 생기는 열에너지를 동력으로 전기를 얻는 발전소예요. 냉각수가 필요해서 주로 해안가 등에 지어요.

2024년 7월 우리나라의 에너지 기업 한국수력 원자력이 체코 신규 원전 건설을 위한 우선 협상자로 선정되었어요. 체코 두코바니 원전 2기 건설에 대해 우선 협상권을 얻은 거예요.

약 24조 원 받고 체코 원전 2기 건설

이르면 2029년부터 체코 두코바니 지역에 원전 건설을 시작해요. 2036년 가동을 목표로 원전의 설계와 건설, 핵연료까지 모두 우리나라가 맡게 되는데요. 원전 2기를 짓는데 드는 예상 사업비는 약 24조 원이에요. 우리나라는 세계에서 여섯 번째 원전 수출국으로, 2009년 아랍에미리트(UAE)의 바라카 원전을 수주한 것이 처음이었어요.

원전 수출하는 나라는 단 6개국

원전을 건설할 수 있는 나라는 세계에 단 6개국 뿐이에요. 러시아가 가장 많은 원전을 해외에서 건설했고, 중국·프랑스·미국·캐나다·우리나라가 뒤를 이어요. 최근 AI를 사용하기 위한 데이터 센터가 크게 늘면서 세계의 전력 수요가 해마다 급증하자, 값싸게 대량의 전기를 얻을 수 있는 원전 기술을 가진 나라들에게 원전 건설을 맡기는 나라가 늘고 있어요. 그런데 최근 우리나라가 체코 원전 2기 건설의 우선 협상자가 된 것을 두고 미국이 항의하고 나섰어요. 한국 수력 원자원이 미국의 원전 기술을 사용하고 있으므로 자신들의 지식재산권을 보호해야 한다는 거예요. 체코 원전 건설 최종 계약은 2025년 3월에 이뤄져요. 그때까지 미국과 협의가 필요한 상황이에요.

핵심 단어 찾기 빈칸에 들어갈 알맞은 단어를 찾아 ✓ 표 하세요.

- 원자핵이 붕괴할 때 생기는 열에너지를 동력으로 하여 전기를 얻는 발전소를 (　　)라고 해요.
  - ☐ 화력 발전소
  - ☐ 원자력 발전소

- 한국 수력 원자력은 (　　) 신규 원전 건설을 위한 우선 협상자로 선정되었어요.
  - ☐ 체코
  - ☐ 슬로바키아

꼼꼼히 읽기 체코 원전 수주와 원전 수출에 대한 설명으로 <u>틀린</u> 것을 고르세요. (　　)

① 우리나라는 체코 두코바니 원전 2기 건설에 대해 우선 협상권을 얻었다.
② 체코 원전 2기를 짓는데 예상 사업비는 약 24조 원이다.
③ 우리나라가 원전을 수출한 건 이번 체코 원전을 수주한 것이 처음이다.
④ 가장 많은 원전을 수출한 나라는 러시아다.

어휘 익히기 다음 초성 힌트와 설명을 보고 해당하는 어휘를 적어 보세요.

- ㅇㅅ / ㅎㅅㅈ : 경쟁 입찰에 참가한 여러 업체 가운데 가장 유리한 조건을 제시하여 먼저 선발된 업체.

- ㄱㄷ : 사람이나 기계가 움직여 일하거나 기계를 움직여 일하게 함.

- ㄷㅇㅌ / ㅅㅌ : 데이터를 효율적으로 통합·관리하기 위해 서버 등을 운영하는 센터.

생각 곱씹기 우리나라의 원전은 늘려야 할까요, 줄여야 할까요? 이유와 함께 의견을 적어 보세요.

일도 구직도 안 할래요

미리 보기 사전

비경제활동인구
만 15세 이상 인구 중 취업자도 실업자도 아닌 사람들로, 일할 능력이 없거나 일할 뜻이 없어 구직 활동을 하지 않는 사람들을 말해요.

2024년 상반기(1~6월) 전문대졸 이상의 학력을 가진 비경제활동인구가 400만 명을 넘어섰어요. 이는 1999년 관련 통계가 집계된 후 역대 가장 많은 숫자예요.

그들이 일을 찾지 않는 이유

통계청에 따르면 2024년 상반기 월평균 전문대졸 이상의 학력을 가진 비경제활동인구는 405만 8,000명으로 지난해 같은 기간보다 7만 2,000명 늘었어요. 이들은 현재 일하지 않고 일을 찾지도 않는 사람들로, 조건에 맞는 일자리를 찾지 못해 취업을 포기한 구직 단념자도 포함해요. 일을 찾지 않는 이유로는 육아·가사·연로·심신장애 등 다양했어요.

고학력자를 위한 양질의 일자리 부족

전문대졸 이상 비경제활동인구의 증가는 20대가 주도하고 있어요. 2024년 상반기 월평균 전문대졸 이상 청년층(15~29세) 비경제활동인구는 59만 1,000명으로 지난해 같은 기간보다 7,000명 늘었어요. 비경제활동인구가 늘어난 연령대는 청년층이 유일해요. 전문가들은 고학력 비경제활동인구의 증가는 고학력자들을 위한 양질의 일자리가 부족하다는 의미로 분석하고 있어요.

핵심 단어 찾기 빈칸에 들어갈 알맞은 단어를 찾아 ✓ 표 하세요.

- 만 15세 이상 인구 중 일을 할 능력이 없거나 일을 할 뜻이 없어 구직활동을 하지 않는 사람들을 (　　) 라고 해요.
  ☐ 생산가능인구
  ☐ 비경제활동인구

- 2024년 상반기 (　　) 이상의 학력을 가진 비경제활동인구가 400만 명을 넘어섰어요.
  ☐ 전문대졸
  ☐ 고등학교졸

꼼꼼히 읽기 고학력 비경제활동인구에 대한 설명으로 틀린 것을 고르세요. (　　)

① 2024년 상반기 월평균 전문대졸 이상의 학력을 가진 비경제활동인구는 405만 8,000명이다.
② 비경제활동인구에는 조건에 맞는 일자리를 찾지 못해 취업을 포기한 구직 단념자도 포함된다.
③ 일을 찾지 않는 이유로는 육아·가사·연로·심신장애 등 다양하다.
④ 전문대졸 이상 비경제활동인구가 늘어난 것은 50대가 대부분이다.

어휘 익히기 다음 초성 힌트와 설명을 보고 해당하는 어휘를 적어 보세요.

- ㄱㅈ　　　직업을 찾음.

- ㅇㄹ　　　나이가 많음.

- ㄱㅎㄹ　　학력이 높음.

생각 곱씹기 비경제활동인구가 늘어나면 나라 경제에 어떤 영향을 미치게 될까요?

_____
_____
_____

비상! ATM이 줄고 있어요

ATM(Automated Teller Machine)
현금 자동 입출금기를 말해요. 현금을 넣고, 빼고, 이체하는 등 은행 업무를 수행하는 자동화 기계 장치예요.

미리 보기 사전

　은행 지점과 ATM이 줄어들고 있어요. 은행이 영업 효율화를 명목으로 점포를 줄이고 있는데요. 인터넷 뱅킹이 익숙지 않아 은행을 찾아가거나 ATM을 이용하는 고령층은 은행을 이용하는 것이 점점 어려워지고 있어요.

6년 동안 885개 은행 지점 문 닫아

　우리나라 은행 지점은 2018년 5,734개에서 2024년 6월 기준 4,849개로 6년여 만에 885개(15.4%)나 줄었어요. 지점을 폐쇄하는 대신 출장소로 축소하는 사례도 늘었고요. 출장소는 예·적금 업무와 신용 대출 등 단순한 업무를 담당하며 직원 수도 3명 정도로 단출해요. 2020년부터 2022년까지 매년 200곳 넘게 은행 지점이 줄자, 정부는 지점 폐쇄 과정을 까다롭게 만들었어요. 그 결과 2023년에는 97개, 2024년 상반기에는 43개로 감소 폭이 줄었어요.

ATM의 55.3%가 수도권에서 철수

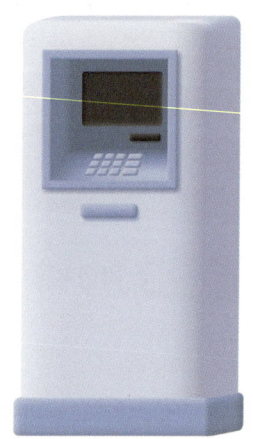

　은행들은 ATM까지 크게 줄이고 있어요. 2018년부터 2024년까지 6년여 동안 철수된 ATM은 총 1만 4,426개이고, 이중 55.3%(7,981개)가 수도권에서 철수되었어요. 은행이 지점과 ATM을 줄이는 이유는 인건비와 공간 임대 등에 들어가는 비용을 줄이기 위해서예요. 이로 인한 피해는 고령층 등 디지털 금융에 취약한 금융 소비자가 입게 돼요.

핵심 단어 찾기 빈칸에 들어갈 알맞은 단어를 찾아 ☑ 표 하세요.

- 은행 업무를 수행할 수 있는 자동화된 기계 장치를 (　　)이라고 해요.
  - ☐ SUV
  - ☐ ATM
- 우리나라 (　　)은 2018년 5,734개에서 2024년 6월 기준 4,849개로 6년여 만에 885개나 줄었어요.
  - ☐ 은행 지점
  - ☐ 은행 본점

꼼꼼히 읽기 은행 지점과 ATM에 대한 설명으로 <u>틀린</u> 것을 고르세요. (　　)

① 은행들은 해외 진출을 명목으로 은행 지점과 ATM을 줄이고 있다.
② 지점을 폐쇄하는 대신 출장소로 축소하는 사례도 늘었다.
③ 2020~2022년에 매년 200곳 넘게 은행 지점이 줄자, 지점 폐쇄 과정이 까다로워졌다.
④ 은행이 지점과 ATM을 줄이면서 이로 인한 피해는 고령층 등 금융 소비자가 입는다.

어휘 익히기 다음 초성 힌트와 설명을 보고 해당하는 어휘를 적어 보세요.

- ㅎㅇㅎ　　　　적은 비용이나 노력으로 효과적이고 좋은 결과를 얻게 됨.
- ㅅㅇㄷㅊ　　　개인이나 회사가 신용의 정도에 따라 은행에서 돈을 빌리는 것.
- ㄱㅇㅅㅂㅈ　　각종 금융 서비스를 이용하는 소비자.

생각 곱씹기 은행은 인터넷 뱅킹이 익숙지 않은 고객을 어떻게 배려해야 할까요?

개인 정보 유출은 이제 그만!

> **미리 보기 사전**
>
> **개인 정보**
> 이름·주민등록번호·직업·주소·전화번호 등 개인에 대한 자료를 통틀어 이르는 말이에요.

2024년 7월 정부 개인정보보호위원회는 개인정보보호법을 위반한 중국계 e커머스 기업 알리에 19억 7,800만 원의 과징금과 780만 원의 과태료를 부과했어요. 국내 소비자에게 국외로 개인 정보가 넘어간다는 사실을 제대로 알리지 않았기 때문이에요.

알리에서 상품 구매하면 개인 정보가 국외로

알리는 저렴한 가격과 빠른 배송을 무기로, 국내 이용자 수 800만 명을 넘을 정도로 빠르게 몸집을 키우고 있어요. 소비자가 알리에서 상품을 구매하면 소비자의 개인 정보를 국외 판매자에게 제공해 상품을 배송하게 되는데요. 그동안 국내 소비자의 개인 정보를 제공받은 중국 판매자가 18만여 곳에 이르는 것으로 확인됐어요.

기업이 지켜야 할 개인정보보호법

알리는 개인 정보가 이전되는 국가, 개인 정보를 받는 자의 성명 및 연락처 등을 소비자에게 고지하지 않았어요. 또 판매자 약관 등에 개인 정보 보호에 필요한 조치를 반영하지 않아 문제로 지적됐어요. 개인 정보의 국외 이전 절차를 위반해 과징금이 부과된 것은 알리가 처음이에요. 개인정보보호위원회는 국외 e커머스 사업자도 우리나라 개인정보보호법을 따라야 한다는 점을 밝혔고, 또 다른 중국계 e커머스 기업 테무도 곧 심사할 예정이에요.

핵심 단어 찾기 빈칸에 들어갈 알맞은 단어를 찾아 ✅ 표 하세요.

- ( )는 이름·주민등록번호·직업·주소·전화번호 등의 개인에 대한 자료를 통틀어 이르는 말이에요.

- 정부 개인정보보호위원회는 ( )가 소비자에게 국외로 개인 정보가 넘어간다는 사실을 제대로 알리지 않아 과징금을 부과했어요.

☐ 기관 정보
☐ 개인 정보
☐ 알리
☐ 테무

꼼꼼히 읽기 알리와 개인정보보호법 위반에 대한 설명으로 틀린 것을 고르세요. ( )

① 알리는 개인정보보호법을 위반해 19억 7,800만 원의 과징금과 780만 원의 과태료를 내야 한다.
② 알리는 국내 이용자 수가 800만 명을 넘을 정도로 빠르게 성장 중이다.
③ 알리에서 상품을 구매하면 소비자의 개인 정보를 국외 판매자에게 제공하지 않고 있다.
④ 알리는 개인 정보가 이전되는 국가, 개인 정보를 받는 자의 성명 및 연락처 등을 소비자에게 고지하지 않았다.

어휘 익히기 다음 초성 힌트와 설명을 보고 해당하는 어휘를 적어 보세요.

- ㄱㅈㄱ   규약 위반에 대한 제재로 거두어들이는 돈.
- ㄱㅌㄹ   법적으로 의무 이행을 태만히 한 사람에게 벌로 물게 하는 돈.
- ㅇㅂ   법률, 약속 등을 지키지 않고 어김.

생각 곱씹기 개인 정보의 보호가 중요한 이유를 적어 보세요.

티몬·위메프 사태의 진실은?

> **미리보기사전**
> **전자 상거래**(e커머스)
> 컴퓨터 등의 전자 기기로 인터넷에 접속해 물건을 사고파는 행위를 말해요. 영어로는 'e-commerce'라고 해요.

2024년 7월 전자 상거래 플랫폼인 티몬·위메프의 정산 지연 사태가 걷잡을 수 없이 커졌어요. 티몬·위메프가 판매자에게 대금 1,600억 원의 지급을 미루고, 상품을 구입한 소비자에 대한 환불도 제때 하지 않아 큰 문제가 됐어요.

큐텐의 위기에서 시작된 비극

소비자는 티몬과 위메프에서 상품을 구입할 때 상품값을 결제해요. 그러면 티몬과 위메프가 상품을 판매한 판매자에게 그 돈을 전달해야 하는데 그걸 제때 못 준 거예요. 이번 사태는 티몬·위메프의 모기업인 싱가포르 기업 큐텐이 무리하게 몸집을 불리면서 벌어진 일이에요. 큐텐은 최근 2년 동안 티몬·위메프·인터파크커머스·위시·AK몰 등 전자 상거래 기업을 무리하게 사들였고, 그 결과 현금이 부족해지는 위기를 맞았고, 정산이 지연된 거예요.

여행 취소된 소비자들

여름 휴가철을 앞두고 티몬과 위메프는 2,500종의 여행 상품을 대대적으로 할인해 판매했어요. 고물가 시대에 많은 사람들이 티몬·위메프에서 여행 상품을 저렴하게 구입했는데요. 소비자가 결제한 대금을 티몬·위메프가 여행사에 지급을 하지 않은 탓에, 소비자들은 여행사로부터 일정이 취소됐다는 연락을 받았어요. 티몬·위메프가 상품 판매와 결제, 환불 등 모든 기능이 마비되자, 소비자들은 환불을 받기 위해 티몬·위메프 본사를 찾아가 줄을 길게 서서 항의하기도 했어요.

핵심 단어 찾기 빈칸에 들어갈 알맞은 단어를 찾아 ✅ 표 하세요.

- 컴퓨터 등의 전자 기기로 인터넷에 접속해 물건을 사고파는 행위를 (　　) 라고 해요.
  - ☐ 도매 거래
  - ☐ 전자 상거래

- 티몬·위메프가 (　　) 에게 대금 1,600억 원의 지급을 미루고, 상품을 구입한 소비자에 대한 환불도 제때 하지 않아 큰 문제가 됐어요.
  - ☐ 판매자
  - ☐ 소비자

꼼꼼히 읽기 티몬·위메프의 정산 지연에 대한 설명으로 <u>틀린</u> 것을 고르세요. (　　)

① 소비자가 티몬·위메프에서 결제한 상품값을 티몬·위메프가 판매자에게 제때 전달하지 못해서 일어났다.

② 티몬과 위메프의 정산 지연 사태는 모기업인 큐텐이 무리하게 몸집을 불리면서 벌어졌다.

③ 티몬·위메프가 여행사에 대금을 지급 안 했지만, 소비자들은 예정대로 여행을 떠났다.

④ 소비자들은 티몬·위메프 본사를 찾아가 줄을 길게 서서 항의했다.

어휘 익히기 다음 초성 힌트와 설명을 보고 해당하는 어휘를 적어 보세요.

- ㅅㄱㄹ　　　상업상의 거래.

- ㅈㅅ　　　정밀하게 계산함. 또는 그 계산.

- ㄷㄱ　　　물건의 값으로 치르는 돈.

생각 곱씹기 티몬과 위메프 사태를 통해 우리 사회가 깨달아야 할 것은 무엇일까요?

_____

_____

값싸고 아름다운 다이아몬드 탄생!

> **미리보기사전**
>
> **다이아몬드(Diamond)**
> 순수한 탄소로 이루어진 탄소 결정체예요. 천연 광물 중에 제일 단단하고 광택이 아름다워요.

다이아몬드는 오랜 시간 가장 가치 있는 보석으로 여겨졌어요. 빛을 굴절·반사시키는 특성 때문에 미적인 측면에서도 높은 평가를 받아왔는데요. 최근에 다이아몬드의 자리를 위협하는 새로운 보석이 인기를 얻고 있다고 해요.

2주 만에 만든 랩그로운 다이아몬드

천연 다이아몬드의 자리를 대체하는 보석은 바로 '랩그로운(Lab Grown) 다이아몬드'예요. 땅 밑 120~200km 아래에서 수백만 년에 걸쳐 생성된 천연 다이아몬드와 달리 랩그로운 다이아몬드는 2주 만에 실험실(Lab)에서 키워(Grown) 만든 다이아몬드를 뜻해요. 생산 초기에는 주로 공업용으로 쓰였지만 2010년 후반부터 상업용 보석으로 인기를 끌었어요. 랩그로운 다이아몬드는 천연 다이아몬드와 성분이 100% 동일하지만, 가격은 천연 다이아몬드의 10~20% 수준으로 저렴해요.

가성비 중시하는 젊은 소비자들에게 인기

싸고 빠르게 만들 수 있다 보니 세계적인 보석 브랜드들도 랩그로운 다이아몬드 시장에 뛰어들고 있어요. 국내 브랜드들도 마찬가지고요. 2021년 350억 원에 불과했던 국내 랩그로운 다이아몬드 시장은 2023년에 700억 원대까지 급성장했어요. 가성비 좋은 다이아몬드로 알려지면서 젊은 소비자들이 랩그로운 다이아몬드를 찾고 있기 때문이에요.

핵심 단어 찾기 빈칸에 들어갈 알맞은 단어를 찾아 ✓ 표 하세요.

- ( )는 순수한 탄소로 이루어진 탄소 결정체로, 천연의 광물 중에 제일 단단하고 광택이 매우 아름다워요.

- 천연 다이아몬드의 자리를 대체하고 있는 보석은 ( )예요.

☐ 다이아몬드
☐ 사파이어
☐ 랩그로운 다이아몬드
☐ 에메랄드

꼼꼼히 읽기 랩그로운 다이아몬드에 대한 설명으로 <u>틀린</u> 것을 고르세요. ( )

① 랩그로운 다이아몬드는 2주 만에 실험실에서 키워 만든 다이아몬드를 뜻한다.
② 랩그로운 다이아몬드는 생산 초기부터 상업용 보석으로 인기를 끌었다.
③ 랩그로운 다이아몬드의 가격은 천연 다이아몬드의 10~20% 수준이다.
④ 가성비를 중시하는 젊은 소비자들이 랩그로운 다이아몬드를 찾고 있다.

어휘 익히기 다음 초성 힌트와 설명을 보고 해당하는 어휘를 적어 보세요.

- ㅁㅈ　　사물의 아름다움에 관한.

- ㄱㅅㅈ　사물의 규모가 급격하게 커짐.

- ㄱㅅㅂ　'가격 대비 성능의 비율'을 줄여 이르는 말.

생각 곱씹기 랩그로운 다이아몬드처럼 가성비가 좋은 것을 하나만 적어 보세요.

_____

_____

_____

이제 해외 개발자에게 맡겨요

> **미리보기사전**
>
> **오프쇼어링(Offshoring)**
> 기업의 서비스 기능을 인건비가 저렴한 해외에 맡겨 처리하는 일을 말해요.

우리나라 기업이 해외의 IT 개발자에게 일을 맡기는 오프쇼어링이 증가하고 있어요. 주로 베트남, 인도 등 동남아시아 개발자들이 우리 기업의 일을 맡고 있는데요. 상대적으로 국내 개발자보다 임금이 저렴해서 기업의 비용 절감에 유리해요.

높은 임금 대체하려 동남아·인도 개발자 채용

직장 평가 플랫폼 글래스도어에 따르면 베트남 소프트웨어 엔지니어의 연봉은 약 1,116~2,688만 원으로, 우리나라 소프트웨어 엔지니어의 연봉인 5,300~9,300만 원보다 적어요. 그래서 우리 중소기업들이 해외 IT 개발자 채용에 적극적이에요. 최근 국내 IT 개발자의 임금이 많이 오르면서 그 임금을 감당하기 어려운 중소기업들이 대안으로 동남아시아나 인도의 IT 개발자를 채용하고 있는 거예요.

동남아시아 기업들의 활발한 국내 진출

우리 정부도 2024년부터 국내 기업을 대상으로 인도 개발자 채용을 연계하고, 취업 시 비자 제도와 체류 등을 지원해 주는 해외 소프트웨어 인력 사업을 시작했어요. 현재까지 신청한 기업 수는 300여 곳이나 돼요. IT 시스템 구축 사업을 수행하는 동남아시아 기업들의 국내 진출도 활발해졌어요. 이들 동남아 기업들은 우리나라 대기업의 위탁을 받아 IT 시스템을 구축하며 점점 거래처를 넓혀가고 있어요.

핵심 단어 찾기 빈칸에 들어갈 알맞은 단어를 찾아 ✓ 표 하세요.

- 기업의 서비스 기능을 인건비가 저렴한 해외에 맡겨 처리하는 일을 (　　)이라고 해요.
- 동남아시아 개발자는 국내 개발자보다 상대적으로 저렴한 임금으로 활용할 수 있어 (　　)의 장점이 있어요.

☐ 오프쇼어링
☐ 프레젠테이션
☐ 비용 절감
☐ 이자 절감

꼼꼼히 읽기 해외 IT 개발자 오프쇼어링에 대한 설명으로 틀린 것을 고르세요. (　　)

① 베트남, 인도 등 동남아시아 개발자들이 우리 기업의 일을 맡고 있다.
② 우리 중소기업들은 해외 IT 개발자 채용에 적극적이다.
③ 우리 정부도 2024년부터 국내 기업을 대상으로 미국 개발자 채용을 연계하고 있다.
④ IT 시스템을 구축하는 동남아시아 기업들의 국내 진출도 활발해졌다.

어휘 익히기 다음 초성 힌트와 설명을 보고 해당하는 어휘를 적어 보세요.

- ㅈㄱ　　아끼어 줄임.
- ㅊㅇ　　사람을 골라서 씀.
- ㅇㅌ　　남에게 사물이나 사람의 책임을 맡김.

생각 곱씹기 외국 IT 개발자들의 국내 진출이 많아지면 어떤 현상이 발생할지 예측해 보세요.

_____
_____
_____

어휘 한눈에 보기

경제 기사에 등장한 한자어와 순우리말 어휘를 정리해 보아요. 한자처럼 보이지만 순우리말인 경우도 있고 순우리말처럼 보이는 말이 한자어인 경우도 있으니 꼼꼼하게 살펴보세요.

 경제 기사에서 눈여겨보면 좋을 한자어

보험
保 보전할 보
險 험할 험

미리 돈을 적립해 두었다가 사고를 당했을 때 손해를 보상하는 제도.

견제
牽 끌 견
制 억제할 제

상대편이 지나치게 세력을 펴거나 자유롭게 행동하지 못하게 억누름.

해제
解 풀 해
除 덜 제

행동에 제약을 두는 법령 등을 풀어 자유롭게 함.

지출
支 지탱할 지
出 날 출

어떤 목적을 위하여 돈을 지급하는 일.

외관
外 바깥 외
觀 볼 관

겉으로 드러난 모양.

저렴
低 낮을 저
廉 청렴할 렴

물건 등의 값이 쌈.

음반
音 소리 음
盤 소반 반

소리를 들을 수 있게 만든 물건을 통틀어 이르는 말.

대거
大 클 대
擧 들 거

한꺼번에 많이.

사육
飼 먹일 사
育 기를 육

어린 가축이나 짐승이 자라도록 먹여 기름.

여력
餘 남을 여
力 힘 력

어떤 일에 집중하고 아직 남아 있는 힘.

수주
受 받을 수
注 물댈 주

주문을 받음.

양질
良 어질 양(량)
質 바탕 질

좋은 바탕이나 품질.

56

출장소
- 出 날 출
- 張 베풀 장
- 所 바 소

본사나 본점 이외의 필요한 지역에 설치하는 사무소.

고지
- 告 아뢸 고
- 知 알 지

게시나 글을 통해 알림.

환불
- 還 돌아올 환
- 拂 떨칠 불

이미 지불한 돈을 되돌려줌.

천연
- 天 하늘 천
- 然 자연 연

사람의 힘을 가하지 않은 상태.

보석
- 寶 보배 보
- 石 돌 석

아주 단단하고 빛깔과 광택이 아름다우며 희귀한 광물.

감당
- 堪 견딜 감
- 當 마땅할 당

일 등을 맡아서 능히 해냄.

 경제 기사에서 눈여겨보면 좋을 순우리말

- **겨냥하다**   행동의 대상으로 삼다.
- **누리집**   개인의 관심사나 단체의 업무, 홍보 등의 내용을 월드 와이드 웹에서 검색하면 볼 수 있게 만든 텍스트.
- **주춤하다**   갑자기 멈칫하거나 몸이 움츠러들다.
- **깊어지다**   생각이 듬쑥하고 신중하게 되다.
- **제자리**   마땅히 있어야 할 자리.
- **돈**   사물의 가치를 나타내며, 재산 축적의 대상으로 사용하는 물건.
- **반하다**   사람이나 사물 등에 마음이 홀린 것 같이 쏠리다.
- **까다롭다**   조건 등이 복잡하거나 엄격하여 다루기 순탄치 않다.
- **뛰어들다**   어떤 일이나 사건에 적극적으로 관련을 맺다.
- **맡다**   어떤 일에 대한 책임을 지고 담당하다.

가오카오 센강 인공섬

부정선거 성지 순례

유럽의회는 무슨 일을 할까?

> **미리보기 사전**
>
> **유럽연합(EU)**
> 유럽의 정치·경제 통합을 실현하기 위한 국가연합이에요. 2024년 6월 기준 27개 나라가 회원국으로 가입되어 있어요.

2024년 6월 유럽연합(EU) 27개국의 유권자 3억 7,300명이 참여하는 유럽의회 선거가 있었어요. 이번 선거로 임기 5년인 의원 720명이 선출되었는데요. 세계에서 가장 큰 다국적 의회인 유럽의회는 어떤 일을 할까요?

유럽연합의 국회

유럽의회는 유럽연합의 국회와 같아요. 행정부에 해당하는 집행위원회를 감독·통제하고, 집행위원회의 수장인 집행위원장도 선출해요. 또 유럽연합의 예산안을 심의, 확정하는 권한을 가져요. 유럽의회는 유럽연합 회원국 국민들의 직접선거를 통해 5년마다 새로 구성돼요. 국가별 의석수는 독일이 96석으로 가장 많고, 그 뒤를 프랑스(81석), 이탈리아(76석), 스페인(61석)이 이어요.

중도 세력이 가장 많은 의석 차지

유럽연합 의원들은 정치 성향에 따라 교섭 단체인 '정치 그룹'을 구성하게 돼요. 27개 회원국의 4분의 1 이상 회원국(7개국)에서 의원 23명이 모여야 정치 그룹을 만들 수 있어요. 이번 유럽의회 선거는 러시아-우크라이나 전쟁으로 인한 안보 불안, 물가 상승, 유럽 난민 급증 등의 이슈를 놓고 치러졌는데요. 선거 결과 중도 우파인 유럽국민당이 가장 많은 의석을 차지했고, 중도 좌파인 사회민주동맹이 두 번째로 많은 의석을 차지했어요. 중도 세력이 절반 넘게 의석을 차지하면서 유럽의회의 기존 구도를 유지할 수 있게 됐어요.

핵심 단어 찾기 빈칸에 들어갈 알맞은 단어를 찾아 ☑ 표 하세요.

- 유럽의 정치·경제 통합을 실현하기 위한 국가연합을 (　　)이라고 해요.
- (　　)는 집행위원회를 감독·통제하고, 집행위원회의 수장인 집행위원장도 선출해요.

☐ 국제연합
☐ 유럽연합
☐ 유럽의회
☐ 유럽중앙은행

꼼꼼히 읽기 유럽연합과 유럽의회에 대한 설명으로 <u>틀린</u> 것을 고르세요. (　　)

① 2024년 6월 기준 유럽연합에는 27개 나라가 회원국으로 가입되어 있다.
② 유럽의회는 유럽연합의 예산안을 심의, 확정하는 권한을 가진다.
③ 유럽의회 의원은 회원국 정상의 선거를 통해 선출된다.
④ 유럽의회에서 가장 많은 의석을 차지하는 나라는 독일이다.

어휘 익히기 다음 초성 힌트와 설명을 보고 해당하는 어휘를 적어 보세요.

- ㅎㅇㄱ　　　국제적인 조직체의 구성원으로 되어 있는 나라.

- ㅇㅅ　　　의회에서 의원이 앉는 자리.

- ㄱㅅㄷㅊ　　　의회에서 의사 진행에 관한 중요한 안건을 협의하기 위해 의원들이 구성하는 단체.

생각 곱씹기 유럽의 여러 나라가 유럽연합으로 뭉쳤을 때 장점은 무엇이라고 생각하나요?

_____
_____
_____

인구 감소로 골머리 앓는 러시아

미리보기사전

인구 절벽
어느 순간을 기점으로 한 국가나 지역의 인구가 급격하게 줄어드는 현상을 말해요.

러시아는 2024년 기준 1억 4,396만 명으로 세계에서 아홉 번째로 인구수가 많아요. 하지만 2020년부터 매년 인구 감소를 겪고 있는데요. 드넓은 영토를 가진 강대국 러시아에서 인구가 감소하는 이유는 무엇일까요?

전쟁과 코로나19 팬데믹으로 인구 감소

러시아 인구가 감소하는 원인은 우크라이나와 전쟁이 장기화되고, 코로나19 팬데믹으로 사망자가 증가했기 때문이에요. 우크라이나 전쟁은 2022년부터 현재까지 진행 중이며, 약 15만 명 이상의 러시아 군인이 사망한 것으로 추정돼요. 사망자는 젊은이들이 대부분이에요. 게다가 우크라이나 전쟁에 참전하지 않으려고 해외로 도피한 러시아인이 50만~100만 명에 이르는 것도 인구 감소의 원인으로 꼽혀요.

합계출산율 감소로 출생아 수도 감소

러시아의 출산율은 2023년 126만 명으로 20년 만에 가장 낮은 수준을 기록했고, 합계출산율도 낮아지고 있어요. 세계은행에 따르면 러시아의 합계출산율은 2016년 1.8명에서 2021년 1.49명, 2022년 1.42명으로 계속 감소하고 있어요. 러시아의 푸틴 대통령은 "러시아는 세계에서 가장 넓은 영토를 가진 나라인데 일할 사람은 턱없이 부족하다."고 이야기했어요. 인구 감소로 국력이 약화될 것을 우려한 러시아 정부는 인구를 늘리기 위한 적극적인 대책 마련에 나섰어요.

핵심 단어 찾기 빈칸에 들어갈 알맞은 단어를 찾아 ✓ 표 하세요.

- 어느 순간을 기점으로 한 국가나 지역의 인구가 급격하게 줄어드는 현상을 ( )이라고 해요.
  - ☐ 인구 노화
  - ☐ 인구 절벽

- ( )는 2020년부터 매년 인구가 감소하고 있어요.
  - ☐ 러시아
  - ☐ 우크라이나

꼼꼼히 읽기 러시아의 인구에 대한 설명으로 틀린 것을 고르세요. ( )

① 러시아의 인구 감소는 우크라이나와의 전쟁이 길어지며 사망자가 많이 나왔기 때문이다.
② 코로나19 팬데믹은 러시아 인구 감소에 영향을 끼치지 않았다.
③ 우크라이나와의 전쟁 참전을 피하기 위해 해외로 도피한 러시아인도 50만~100만 명에 이른다.
④ 출생아 수는 2023년 126만 명으로 20년 만에 가장 낮은 수준을 기록했다.

어휘 익히기 다음 초성 힌트와 설명을 보고 해당하는 어휘를 적어 보세요.

- ㅍ ㄷ ㅁ   전염병이 전 세계적으로 크게 유행하는 현상.

- ㅊ ㅈ   전쟁에 참가함.

- ㅎ ㄱ ㅊ ㅅ ㅇ   여성 한 명이 가임 기간에 낳을 것으로 예상되는 평균 자녀 수.

생각 곱씹기 러시아와 우리나라의 인구 감소 원인은 어떤 점이 다른지 찾아보세요.

63

천만 명 넘게 몰린 중국판 수능 시험

가오카오(高考) **미리보기사전**
중국 중앙정부가 시행하는 대학 입학시험으로, 쉽게 말해 중국판 수능이에요.

지난 2024년 6월 7일부터 10일까지 중국의 대학 입학시험인 가오카오가 실시됐어요. 이번 가오카오에는 역대 최다인 1,342만 명이 응시해 어느 해보다 치열한 경쟁이 되었어요. 가오카오 응시자 수는 2021년 이후 4년 연속 증가했으며, 1,300만 명을 넘은 것은 이번이 처음이에요.

상위권 대학으로 진학 경쟁

가오카오 응시자 수가 늘어난 것은 취업 경쟁이 치열해진 까닭이에요. 좋은 일자리를 얻으려는 청년들이 상위권 대학으로 진학하고자 가오카오에 여러 번 응시하고 있거든요. 올해 전체 응시자 1,342만 명 중 한 번 이상 응시한 'N수생'은 역대 최다인 413만 명으로 전체 응시자의 30%가 넘어요. 중국의 대학 정원은 약 450만 명이에요. 올해 가오카오에 응시한 수험생 가운데 900만 명은 대학에 진학할 수 없게 돼요.

기억력과 집중력 높이는 약물까지 등장

가오카오 며칠 전부터 응시자들 사이에서는 시험장 근처의 좋은 숙소 잡기 경쟁이 벌어졌어요. 중국 정부는 가오카오 응시자들에게 바가지를 씌우려는 숙소를 단속하는 등 가격을 통제했어요. 또한 중국 정부는 기억력과 집중력을 높여 주는 것으로 알려진 스마트 약물도 단속했어요. 스마트 약물은 중독성이 강하고 뇌 건강을 해쳐요. 경쟁이 치열하다 보니 인공지능(AI)을 활용해 부정행위를 감시하는 시스템도 고사장에 도입됐어요.

핵심 단어 찾기 빈칸에 들어갈 알맞은 단어를 찾아 ✓ 표 하세요.

- 중국 중앙정부가 시행하는 대학 입학 시험을 (　　)라고 해요.
- 중국 대학 입학시험의 응시자 수가 늘어난 것은 (　　)이 치열해진 영향이 커요.

☐ 일제고사
☐ 가오카오
☐ 취업 경쟁
☐ 결혼 경쟁

꼼꼼히 읽기 가오카오에 대한 설명으로 틀린 것을 고르세요. (　　)

① 2024년 가오카오에는 역대 최다인 1,342만 명이 응시했다.
② 전체 응시자 중 'N수생'은 역대 최다인 413만 명으로 전체 응시자의 30%를 넘겼다.
③ 2024년 가오카오에 응시하는 수험생은 대부분 대학에 진학하게 된다.
④ 가오카오를 앞두고 중국 정부는 숙소 바가지요금과 스마트 약물 단속에 나섰다.

어휘 익히기 다음 초성 힌트와 설명을 보고 해당하는 어휘를 적어 보세요.

- ⓞⓢⓩ　　시험에 응하는 사람.
- ⓑⓖⓩ　　요금이나 물건값이 실제 가격보다 훨씬 더 비쌈.
- ⓑⓩⓗⓞ　올바르지 못한 행위.

생각 곱씹기 어떤 처벌이 있어야 부정행위를 완전히 근절할 수 있을까요? 의견을 적어 보세요.

_____

_____

_____

전쟁이 앗아간 올림픽 출전의 꿈

> **미리 보기 사전**
>
> **유망주**
> 어떤 분야에서 발전될 가망이 많은 사람을 비유적으로 이르는 말이에요.

2024년 7월에 열린 파리 올림픽을 앞두고 안타까운 뉴스가 전해졌어요. 우크라이나의 복싱 유망주가 올림픽에 나가지 못하고 전쟁터에서 목숨을 잃었다는 뉴스였어요.

조국 위해 자진해서 입대한 유망주

세계적인 통신사 AP통신이 보도한 뉴스를 통해 우크라이나 복싱 선수 막심 할리니체우의 사연이 전해졌어요. 막심은 2018년 열린 청소년 올림픽 복싱 종목에서 은메달을 딴 복싱 유망주예요. 2021년 있었던 우크라이나 복싱연맹과의 인터뷰에서 막심은 2024 파리 올림픽에서 금메달을 따겠다며 각오를 다졌는데요. 그러나 2022년 전쟁이 일어나고 막심은 21살의 나이로 군에 입대했어요. 조국을 지키기 위해 해외 훈련 대신 스스로 입대를 결정한 거예요.

끝내 이루지 못한 올림픽의 꿈

러시아와의 전투 전선에 투입된 막심은 다리에 깊은 상처를 입었지만, 상처가 낫기도 전에 다시 전선으로 돌아갔어요. 그리고 끝내 2023년 3월 우크라이나 동부 루한스크에서 목숨을 잃었어요. 막심과 같이 올림픽을 꿈꾸다 전쟁터에서 사망한 우크라이나 운동선수는 400여 명에 달한다고 해요.

핵심 단어 찾기 빈칸에 들어갈 알맞은 단어를 찾아 ✓ 표 하세요.

- (　　)는 어떤 분야에서 발전될 가망이 많은 사람을 비유적으로 이르는 말이에요.
  - ☐ 유망주
  - ☐ 먹방

- (　　) 복싱 선수 막심 할리니체우는 조국을 지키기 위해 스스로 입대를 결정했어요.
  - ☐ 우크라이나
  - ☐ 러시아

꼼꼼히 읽기 우크라이나의 복싱 유망주 막심에 대한 설명으로 <u>틀린</u> 것을 고르세요. (　　)

① 2018년에 열린 청소년 올림픽 복싱 종목에서 은메달을 땄다.
② 우크라이나 복싱연맹과의 인터뷰에서 2024 파리 올림픽에서 금메달을 따겠다며 각오를 다졌다.
③ 전쟁이 일어났지만 올림픽 유망주여서 해외로 훈련을 떠났다.
④ 2023년 3월 우크라이나 동부 루한스크에서 목숨을 잃었다.

어휘 익히기 다음 초성 힌트와 설명을 보고 해당하는 어휘를 적어 보세요.

- ㅌㅅㅅ　　신문사와 방송사 등에 뉴스를 제공하는 회사.
- ㅇㄷ　　군대에 들어가 군인이 됨.
- ㅈㅅ　　전쟁에서 전투가 벌어지는 지역.

생각 곱씹기 막심의 결정에 대해 어떻게 생각하나요? 나의 의견을 적어 보세요.

노쇼 하면 5유로 내세요

> **노쇼(No-show)**
> 오기로 한 사람이 예약이나 약속을 취소하지 않고 나타나지 않는 일을 뜻해요.
>
> 미리보기사전

프랑스 정부는 병원 진료를 예약하고 오지 않는 '노쇼' 환자에게 일명 '토끼세'를 물리기로 했어요. 프랑스에서 '토끼를 내려놓다'는 말은 양해도 없이 약속 시각에 안 오는 것을 의미하는데요. 여기서 이름을 딴 토끼세를 2025년부터 도입하기로 한 거예요.

노쇼 때문에 환자 대기 시간 길어져

프랑스 의사 협회에 따르면 예약 환자 중 6~10%가 연락 없이 병원에 안 온다고 해요. 1년으로 따지면 2,700만 건이나 되는데요. 노쇼 때문에 다른 환자들의 대기 시간이 길어지고 있어 문제예요. 대기 시간이 길어지면 의료진도 환자 치료에 충분한 시간을 할애하지 못하게 돼요. 정작 응급 치료가 필요한 환자가 제때 치료를 못 받기도 하고요.

노쇼 하면 5유로의 토끼세 부과

토끼세는 5유로예요. 환자가 정해진 예약 시각에 나타나지 않으면 토끼세를 내야 해요. 병원 측은 진료 예약 과정에서 환자 및 카드 정보를 등록하도록 해서, 병원이 노쇼를 신고하면 즉각 벌금을 부과해요. 프랑스 정부는 토끼세 도입을 통해 연간 1,500만~2,000만 건의 노쇼를 막을 것으로 보고 있어요. 가브리엘 아탈 프랑스 총리는 "토끼세 도입 외에도 환자의 편의를 위해 의대 정원을 늘리고 야간 근무 의료진에게 급여를 더 지급하는 것을 구상하고 있다."고 밝혔어요.

핵심 단어 찾기 빈칸에 들어갈 알맞은 단어를 찾아 ✓ 표 하세요.

- 오기로 한 사람이 예약이나 약속을 취소하지 않고 나타나지 않는 일을 (　　)라고 해요.
  - ☐ 노쇼
  - ☐ 고소
- 프랑스 정부는 병원 진료를 예약하고 오지 않는 노쇼 환자에게 일명 (　　)를 물리기로 했어요.
  - ☐ 토끼세
  - ☐ 사슴세

꼼꼼히 읽기 프랑스의 토끼세에 대한 설명으로 <u>틀린</u> 것을 고르세요. (　　)

① 프랑스에서 '토끼를 내려놓다'는 것은 말도 없이 약속 시각에 안 오는 것을 의미한다.
② 프랑스 의사 협회에 따르면 예약 환자 중 6~10%가 연락 없이 병원에 안 온다고 한다.
③ 토끼세는 2024년부터 도입하며 금액은 5유로다.
④ 토끼세 납부 대상은 진료 예약 24시간 전까지 취소하지 않고 안 오는 환자이다.

어휘 익히기 다음 초성 힌트와 설명을 보고 해당하는 어휘를 적어 보세요.

- ㅇㄹㅊ　　병을 치료하는 일을 맡은 사람들로 구성된 집단.
- ㅂㄱ　　세금이나 부담금을 매기어 부담하게 함.
- ㅇㅇ　　미리 약속함. 또는 미리 정한 약속.

생각 곱씹기 병원 외에 노쇼를 하면 안 되는 곳은 어디일지 이유와 함께 적어 보세요.

_____
_____
_____

남녀 격차가 가장 작은 나라는?

> **미리보기사전**
> **성 격차 지수 (Gender Gap Index)**
> 성별 간의 차이를 나타내는 지표로, 세계경제포럼(WEF)에서 매년 발표해요.

2024년 6월 세계경제포럼이 '2024년 글로벌 성 격차 보고서'를 발표했어요. 이 보고서는 정치·경제·교육·건강 등 4개 분야에서 얼마나 성평등이 이루어졌는지 측정해서 알려줘요.

같은 일을 하면 같은 임금 받아야

정치 분야에서는 여성 국회의원 비율, 정부 부처의 여성 비율 등이 포함되고, 경제 분야에서는 남녀의 노동 참여 비율, 동일 노동시 남녀의 임금 비교 등이 들어가요. 교육 분야에서는 남녀의 문맹률, 남녀의 초중등 교육 입학 비율 등이 포함되고, 건강 분야에서는 남녀의 출생 성비, 남녀의 건강한 삶에 대한 기대 등이 측정돼요. 유럽의 나라들은 대체로 성별 격차가 작은 것으로 나타났어요. 유럽연합은 2023년 남녀의 동일 노동 동일 임금을 의무화하는 지침을 내놓기도 했어요. 이 지침에는 100인 이상 기업에서 남녀 임금 격차가 5% 이상일 경우 시정을 요구하는 내용이 들어있어요.

15년 연속 1위 아이슬란드

보고서에 의하면 남녀 격차가 세계에서 가장 작은 나라는 유럽의 아이슬란드로, 2009년부터 15년 연속 1위를 지키고 있어요. 그 뒤로 핀란드·노르웨이·뉴질랜드·스웨덴 등이 남녀 격차가 작은 나라 2~5위로 조사됐어요. 우리나라는 전체 146개 나라 가운데 94위를 기록했어요. 1년 전보다 11계단 상승했지만 아직 하위권에 머물러요.

핵심 단어 찾기 빈칸에 들어갈 알맞은 단어를 찾아 ☑ 표 하세요.

- ( ) 지수는 성별 간의 차이를 나타내는 지표로, 세계경제포럼에서 매년 발표해요.
- 세계경제포럼의 성 격차 보고서는 한 나라에서 얼마나 ( )이 이루어 졌는지를 측정해 발표해요.

☐ 스트레스
☐ 성 격차
☐ 성차별
☐ 성평등

꼼꼼히 읽기 성 격차 지수에 대한 설명으로 틀린 것을 고르세요. ( )

① 정치·경제·교육·건강 등 4개 분야에서 성평등이 이루어졌는지를 측정해 발표한다.
② 정치 분야에서는 여성 국회의원 비율, 정부 부처 내 여성 비율 등이 포함된다.
③ 교육 분야에서는 남녀의 문맹률, 남녀의 초중등 교육 입학 비율 등이 포함된다.
④ 남녀 격차가 세계에서 가장 큰 나라는 유럽의 아이슬란드다.

어휘 익히기 다음 초성 힌트와 설명을 보고 해당하는 어휘를 적어 보세요.

- ⓓⓞⓛⓓ 성별·인종·국적·연령의 차이를 불문하고 같은 노동에 대하여
  ⓓⓞⓞⓖ 같은 액수의 임금을 지불해야 한다는 원칙.

- ⓜⓜⓡ 배우지 못하여 글을 읽거나 쓸 줄 모르는 사람의 비율.

- ⓢⓩ 잘못된 것을 바로잡음.

생각 곱씹기 우리 사회에서 남녀 격차가 큰 분야는 무엇이라고 생각하나요?

_____

_____

이공계 여학생을 환영합니다

> **미리 보기 사전**
>
> **여성 할당제**
> 사회 여러 분야의 채용이나 승진에서 일정한 비율을 여성에게 배분하는 제도를 말해요. 남성과 여성의 평등을 이루기 위하여 실시해요.

2024년 6월 일본의 아사히신문은 일본 국립 대학들이 여성의 비율이 적은 이공계 학부를 중심으로 여성 할당제를 도입하고 있다고 보도했어요. 이에 대해 자세히 알아볼게요.

국립대의 40% 이상이 여성 할당제 도입

아사히신문은 일본의 국립대 86곳 중 여대 등을 제외한 80곳을 조사한 결과 40% 이상이 이미 여성 할당제를 도입했거나 조만간 도입 예정이라고 보도했어요. 조사에 응한 대학 중 12곳은 이미 여성 할당제를 도입했고, 제도 도입을 결정한 대학도 17곳에 달했어요. 여성 할당제가 도입된 학부는 주로 이공계예요. 학부별로 모집 인원의 약 1~10%를 여성에게 할당했어요.

일본의 이공계 학과의 여학생 비율은 단 7%

2023년 기준 일본의 대학생 중 여학생 비율은 45.7%로 절반에 달해요. 하지만 이공계에서 여학생 비율은 훨씬 낮아요. 경제협력개발기구(OECD)의 통계에 따르면 일본의 이공계 학부 진학자 중 여학생 비율은 약 7%(2021년 기준)로, OECD 36개 나라 중 최하위를 차지할 정도로 낮았어요. 그래서 여성 할당제를 도입했지만 이를 둘러싸고 공정성 논란도 일고 있어요. 여성 할당제 때문에 여학생이 남학생보다 이공계 학부에 입학하기 수월해지는 것이 오히려 역차별이라는 거예요.

핵심 단어 찾기 빈칸에 들어갈 알맞은 단어를 찾아 ✓ 표 하세요.

- 사회 여러 분야의 채용이나 승진에서 일정한 비율을 여성에게 배분하는 제도를 (　　)라고 해요.
- 일본 국립 대학들이 여성의 비율이 적은 (　　)를 중심으로 여성 할당제를 도입하고 있어요.

☐ 지역 할당제
☐ 여성 할당제
☐ 이공계 학부
☐ 체육계 학부

꼼꼼히 읽기 일본 국립 대학의 여성 할당제에 대한 설명으로 틀린 것을 고르세요. (　　)

① 일본의 국립대 중 40% 이상이 여성 할당제를 도입했거나 조만간 도입할 예정이다.
② 여성 할당제가 도입된 학부는 주로 이공계 학부다.
③ 2023년 기준 일본의 대학생 중 여학생 비율은 45.7%로 거의 절반에 달한다.
④ 일본의 이공계 학부 진학자 중 여학생 비율은 약 7%로, OECD 나라 중 최상위였다.

어휘 익히기 다음 초성 힌트와 설명을 보고 해당하는 어휘를 적어 보세요.

- ⓞⓖⓖ　　이학 계통과 공학 계통을 아울러 이르는 말.
- ⓗⓑ　　대학에서 전공 학과에 따라 나눈 부.
- ⓖⓙⓢ　　공평하고 올바른 성질.

생각 곱씹기 이공계 학부에 여성 할당제를 도입하는 것이 공평하다고 생각하나요? 이유와 함께 의견을 적어 보세요.

_____
_____
_____

이스라엘인은 몰디브에 오지 마세요

> **미리보기사전**
>
> **몰디브(Maldives)**
> 스리랑카 서남쪽 인도양 위에 있는 나라예요. 약 1,200개의 산호섬으로 이루어졌고, 이 가운데 220개 섬에 주민이 거주해요. 국교는 이슬람교이며 수도는 말레예요.

2023년 10월 시작된 이스라엘과 팔레스타인 간의 전쟁이 1년 가까이 이어지고 있어요. 전쟁은 팔레스타인의 하마스가 이스라엘을 습격하며 시작됐지만, 그 뒤로 이스라엘이 팔레스타인을 몰아붙이고 있어요. 현재 팔레스타인 가자 지구는 이스라엘에 의해 거의 점령된 상태예요.

몰디브에 이스라엘인 입국 금지

이스라엘의 승리가 확실시해지는 상황에서 2024년 6월 인도양의 작은 섬나라 몰디브가 팔레스타인을 편들고 나섰어요. 몰디브의 모하메드 무이주 대통령은 전쟁의 참상을 겪는 팔레스타인에 대한 연대 의미로 이스라엘인의 입국을 금지하는 조치를 내렸어요. 팔레스타인에 보낼 대통령 특사를 임명하고 팔레스타인 사람들을 위한 모금 행사도 계획했어요. 현재 이스라엘인들의 입국을 막는 나라는 파키스탄·사우디아라비아·알제리·방글라데시·이란 등 이슬람 국가들이에요.

이스라엘인 입국 금지로 인한 경제적 손해 적어

몰디브는 아름다운 바다로 유명한 휴양지예요. 코로나19 팬데믹 전에는 연간 170만 명에 이르는 관광객이 방문하던 나라였어요. 그 가운데 이스라엘 관광객은 1만 5,000명 정도였는데요. 2023년 10월 팔레스타인과 전쟁을 시작한 뒤로 많이 줄어서 2024년 1~4월에는 500여 명의 이스라엘 관광객이 찾았을 뿐이에요. 이번 조치가 가져올 경제적 손해는 크지 않지만, 전쟁 패배가 확실시되는 상황에서 몰디브가 팔레스타인을 위해 용기 낸 일은 대단하게 여겨져요.

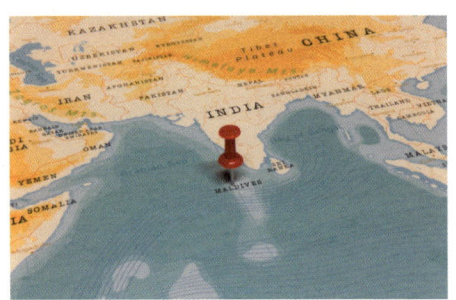

핵심 단어 찾기 빈칸에 들어갈 알맞은 단어를 찾아 ✓ 표 하세요.

- ( )는 인도양에 있는 섬나라로, 약 1,200개의 산호섬으로 이루어져 있고, 수도는 말레예요.
  - ☐ 스리랑카
  - ☐ 몰디브

- 전쟁 참상을 겪는 팔레스타인에 대한 연대의 의미로 몰디브의 대통령은 ( )의 입국을 금지하는 조치를 내렸어요.
  - ☐ 이스라엘인
  - ☐ 미국인

꼼꼼히 읽기 몰디브에 대한 설명으로 틀린 것을 고르세요. ( )

① 몰디브의 국교는 이슬람교이다.
② 팔레스타인에 보낼 대통령 특사를 임명하고 팔레스타인 사람들을 위한 모금 행사도 하기로 했다.
③ 몰디브는 코로나19 팬데믹 전에는 연간 170만 명에 이르는 관광객이 방문하던 관광지이다.
④ 이스라엘인의 입국 금지 조치가 몰디브에 가져올 경제적 손해는 크다.

어휘 익히기 다음 초성 힌트와 설명을 보고 해당하는 어휘를 적어 보세요.

- ㅊㅅ   비참하고 끔찍한 상태나 상황.
- ㅇㄷ   한 덩어리로 서로 연결되어 있음.
- ㅇㄱ   자기 나라 또는 남의 나라 안으로 들어감.

생각 곱씹기 몰디브의 이스라엘인 입국 금지 조치에 대해 어떻게 생각하나요?

_____
_____
_____

값비싼 명품 가방의 이면

> **미리보기 사전**
>
> **디올백**(Dior bag)
> 프랑스 명품 브랜드인 크리스챤 디올에서 판매하는 핸드백을 말해요.

 세계적인 명품 브랜드인 크리스챤 디올의 가방 원가가 8만 원대에 불과한 것으로 드러났어요. 이 가방은 크리스챤 디올 매장에서 380만 원에 판매되고 있는데요. 어떻게 된 일인지 알아봤어요.

지켜야 할 하청 업체의 노동 조건

 2024년 6월 이탈리아 밀라노 법원은 크리스챤 디올의 가방 제조업체 디올SRL에 대해 '사법행정 예방 조치'를 명령하고, 1년 동안 업체를 감독할 '사법행정관'을 임명했어요. 법원의 판결문에는 디올SRL이 중국 하청 업체의 실제 근무 조건을 확인하지 않았으며, 수년간 하청 업체를 주기적으로 감사하지 않았다고 적혀 있어요. 또 하청 업체가 불법 체류자를 고용했고, 계약서도 제대로 쓰지 않은 노동자도 있음이 명시되어 있어요.

하청 업체에서 생산한 가방의 납품 가격은 8만 원

 디올 가방을 만드는 노동자들은 생산 라인을 24시간 가동한다는 이유로 밤샘 및 휴일 근무 등 장시간 노동을 이어왔다고 해요. 게다가 작업 속도를 높이기 위해 생산 기계에서 안전장치를 제거하기도 했어요. 이렇게 불법 노동 끝에 만들어진 핸드백은 개당 8만 원대의 가격에 디올SRL에 넘겨졌어요. 그리고 이 핸드백은 크리스챤 디올 매장에서 380만 원대에 판매됐어요.

핵심 단어 찾기 빈칸에 들어갈 알맞은 단어를 찾아 ☑ 표 하세요.

- 이탈리아 밀라노 법원은 세계적인 명품 브랜드인 크리스챤 디올의 (　　) 제조업체인 디올SRL에 사법행정 예방 조치를 명령했어요.
- 법원의 판결문에는 디올SRL이 중국 (　　)의 실제 근무 조건을 확인하기 위한 조치를 하지 않았다고 적혔어요.

☐ 가방
☐ 자동차
☐ 하청 업체
☐ 대기업

꼼꼼히 읽기 디올 백에 대한 설명으로 틀린 것을 고르세요. (　　)

① 명품 브랜드 크리스챤 디올의 가방 제조업체인 디올SRL이 수년간 하청 업체에 대한 감사를 진행하지 않았음이 밝혀졌다.
② 법원의 판결문에는 하청 업체가 불법 체류자를 고용했고, 계약서도 제대로 쓰지 않은 노동자도 있음이 적혔다.
③ 디올 백을 만드는 노동자들은 충분히 휴식하면서 노동을 이어왔다.
④ 8만 원대의 원가로 생산된 핸드백은 크리스챤 디올 매장에서 380만 원에 판매되었다.

어휘 익히기 다음 초성 힌트와 설명을 보고 해당하는 어휘를 적어 보세요.

- ㅁㅍ　　세계적으로 매우 유명하고 가격이 아주 비싼 상표의 제품.
- ㅇㄱ　　상품의 제조, 판매, 배급에 든 재화와 용역을 단위에 따라 계산한 가격.
- ㅎㅊ ㅇㅊ　　일의 전부나 일부를 독립적으로 맡아 완성하는 업체.

생각 곱씹기 명품 가방이 비싸게 팔리는 이유는 무엇일까요?

_____
_____

베네수엘라의 부정선거 공방

> **미리 보기 사전**
> **부정선거**
> 정당하지 못한 수단과 방법으로 치른 선거를 말해요. 부정선거는 유권자의 뜻을 왜곡하는 것이라 심각한 범죄에 해당해요.

2024년 7월 남아메리카의 베네수엘라에서 대통령선거가 있었어요. 선거 전 여론 조사와 선거 당일 출구 조사에서는 현 대통령인 니콜라스 마두로 후보의 패배가 확실시됐는데, 선거관리위원회가 발표한 결과는 마두로 후보의 승리였어요. 정말 반전이죠?

니콜라스 마두로 대통령

예상과 전혀 다른 선거 결과

이번 선거에서 승리한 마두로 대통령은 3선에 성공했어요. 그러자 선거 승리를 장담했던 또 다른 대통령 후보인 에드문도 곤살레스 우루티아는 이번 선거가 부정선거라며 결과를 받아들일 수 없다고 선언했어요. 미국 일간지 워싱턴포스트가 "출구 조사 결과 우루티아 후보가 65%를 얻어 마두로 대통령(31%)을 30% 이상 앞섰다."고 보도한 바 있을 정도로 마두로 대통령의 지지율이 낮았기 때문이에요.

전체 인구의 30%가 경제난 못 견뎌 해외 이주

이에 더해 베네수엘라 시민들도 분노하며 반정부 시위에 나섰어요. 시민들은 개표소별 집계 결과를 공개하라고 요구했어요. 하지만 선거관리위원회가 집계 결과를 공개하지 않으면서 부정선거 의혹은 일파만파 확대됐어요. 2013년 처음 취임한 마두로 대통령은 집권 내내 군대를 동원해 반정부 시위를 탄압하고 경제난을 가중시켜 비판을 받아왔어요. 그 결과 베네수엘라 인구의 30%에 달하는 770만 명이 경제난을 못 견디고 해외로 이주했어요. 지금도 베네수엘라에서는 마두로 대통령에 반대하는 시위가 계속되고 있어요.

핵심 단어 찾기 빈칸에 들어갈 알맞은 단어를 찾아 ☑ 표 하세요.

- 정당하지 못한 수단과 방법으로 행해진 선거를 (　　)라고 해요.

- (　　)의 대통령선거에서 선거 전 여론 조사, 선거 당일 출구 조사와 정반대의 결과가 나와 현 대통령이 3선에 성공했어요.

☐ 공정선거
☐ 부정선거
☐ 베네수엘라
☐ 엘살바도르

꼼꼼히 읽기 베네수엘라의 대통령선거에 대한 설명으로 틀린 것을 고르세요. (　　)

① 선거 전 여론 조사와 선거 당일 출구 조사에서는 우루티아 후보가 앞섰다.
② 선거관리위원회가 발표한 선거 결과는 현 대통령인 마두로 후보의 승리였다.
③ 베네수엘라 시민들과 우루티아 후보는 선거 결과를 인정했다.
④ 베네수엘라 선거관리위원회는 개표소별 집계 결과를 공개하지 않았다.

어휘 익히기 다음 초성 힌트와 설명을 보고 해당하는 어휘를 적어 보세요.

- ㅊㄱㅈㅅ　　투표장의 출구에서 투표를 끝내고 나온 투표자에게 그 결과를 조사하는 일.

- ㅂㅈㅂ　　기존의 정부나 정부의 시책에 반대함.

- ㅇㅍㅇㅍ　　하나의 물결이 연쇄적으로 많은 물결을 일으킨다는 뜻으로, 한 사건이 잇따라 많은 사건으로 번짐을 이르는 말.

생각 곱씹기 우리나라도 부정선거로 얼룩진 역사가 있어요. 그 내용을 찾아보고 베네수엘라 국민들에게 조언의 메시지를 전해 보세요.

_____

_____

_____

위험천만한 성지 순례

> **미리보기사전**
> **성지 순례**
> 순례자가 종교적 의무를 지키거나 신의 가호와 은총을 구하기 위하여, 성지를 찾아가 참배하는 것을 말해요.

2024년 6월 성지 순례 차 사우디아라비아의 메카를 찾은 순례객 1,301명이 사망하는 일이 발생했어요. 이는 작년 사망자 200여 명의 약 6배가 넘는 수치예요. 대체 무슨 일이 있었던 걸까요?

일생 한 번 메카를 찾아

이슬람교 신자인 무슬림이 이슬람교의 성지인 메카에 찾아가는 것을 '하지'라고 해요. 하지는 무슬림의 5대 의무 중 하나로, 일생에 한 번은 사우디아라비아의 도시 메카 안에 있는 사원을 방문해 성지 순례 의식을 치러야 해요. 하지는 메카의 대사원 중앙에 있는 직육면체 구조물인 '카바'를 7바퀴 돌며 기도하는 것으로 시작해요. 카바는 무슬림이라면 일생에 한 번 직접 보기 원하는 성물이에요.

50℃에 육박하는 폭염으로 30여 명 사망

올해 하지는 6월 14일부터 19일까지 무려 180만 명에 가까운 무슬림이 메카를 찾은 것으로 집계됐어요. 한정된 장소에 많은 사람들이 모이다 보니 2015년에는 2,000명 넘는 사람들이 압사로 숨지기도 했어요. 이번 하지 기간에는 50℃에 육박하는 폭염이 계속되었어요. 전 세계에서 모인 순례자들은 양산을 가지고 참여하는 등 폭염을 피하려 노력했지만 열사병과 심혈관 질환 등으로 사망하는 사람들이 속출했어요.

핵심 단어 찾기 빈칸에 들어갈 알맞은 단어를 찾아 ✓ 표 하세요.

- 순례자가 종교적 의무를 지키거나 신의 가호와 은총을 구하기 위하여 성지를 찾아가 참배하는 것을 (　　)라고 해요.
  - ☐ 도보 순례
  - ☐ 성지 순례
- 이슬람교 신자인 무슬림이 이슬람교의 성지인 메카에 찾아가는 것을 (　　)라고 해요.
  - ☐ 동지
  - ☐ 하지

꼼꼼히 읽기 하지에 대한 설명으로 <u>틀린</u> 것을 고르세요. (　　)

① 하지는 무슬림의 5대 의무 중 하나이다.
② 하지는 요르단의 도시 메카 안에 있는 사원을 방문해 성지 순례 의식을 치르는 것이다.
③ 하지는 메카의 대사원 중앙에 있는 직육면체 구조물인 카바를 7바퀴 돌며 기도하는 것으로 시작한다.
④ 2024년 하지 기간에는 50℃에 육박하는 폭염이 계속되었다.

어휘 익히기 다음 초성 힌트와 설명을 보고 해당하는 어휘를 적어 보세요.

- ㅅㅁ　　신성한 물건이나 제물.
- ㅇㅅ　　무거운 것에 눌려 죽음.
- ㅇㅅㅂ　고온 다습한 곳에서 몸의 열을 발산하지 못하여 생기는 병. 어지러움과 피로를 느끼다가 갑자기 의식을 잃고 쓰러진다.

생각 곱씹기 한여름 성지 순례를 떠나는 사람은 어떤 준비를 해야 할까요?

_____
_____
_____

일본에 외국인 관광객이 우르르

> **미리 보기 사전**
>
> **엔저**
> 일본 화폐인 엔화(¥)의 값이 다른 나라 화폐에 비하여 상대적으로 낮아진 현상을 말해요.

일본의 니혼게이자이신문 보도에 의하면 일본을 찾은 외국인 관광객이 2024년 3~5월에 3개월 연속으로 300만 명을 넘었다고 해요. 엔화 가치가 하락한 엔저 현상으로 인해 일본을 찾는 외국인 관광객이 크게 늘어났어요.

엔저 현상으로 값싸게 일본 여행

외국인 관광객이 대거 일본을 찾게 된 것은 엔저 현상으로 전보다 값싸게 여행할 수 있기 때문이에요. 통계를 보면 2024년 5월 일본을 찾은 외국인은 304만 100명으로, 2023년 5월 189만 9,176명보다 60.1%나 늘어났어요. 외국인 관광객 중 우리나라 관광객은 25%를 차지하며 가장 많았고, 중국 관광객이 두 번째로 많았어요. 이렇게 관광객이 늘다 보니 일본의 호텔과 여관 등 숙박업의 인력난이 심해졌어요.

무역 적자를 여행 흑자로 메우는 일본

외국인 관광객이 많아지고 그들이 일본에서 쓰는 소비가 늘면서 2024년 4월 일본의 여행수지 흑자는 역대 최고치를 기록했어요. 일본 정부는 무역 적자를 여행수지 흑자로 메우고 있어요. 하지만 관광객이 늘어나면서 대중교통이 혼잡해지고, 쓰레기가 많아지는 등 일본 국민의 생활에 악영향을 끼치는 것은 문제예요. 또 일부 상점에서는 내국인보다 외국인에게 비싸게 판매하는 이중 가격제를 운영해 문제가 되기도 했어요.

핵심 단어 찾기 빈칸에 들어갈 알맞은 단어를 찾아 ☑ 표 하세요.

- 일본 화폐인 엔화의 값이 다른 나라 화폐에 비하여 상대적으로 낮아진 현상을 (　) 현상이라고 해요.
  - ☐ 엔고
  - ☐ 엔저

- 일본을 찾은 (　)이 2024년 3~5월에 3개월 연속으로 300만 명을 넘었다고 해요.
  - ☐ 내국인 관광객
  - ☐ 외국인 관광객

꼼꼼히 읽기 일본을 찾는 관광객에 대한 설명으로 틀린 것을 고르세요. (　)

① 외국인 관광객이 대거 일본을 찾게 된 것은 엔저 현상으로 전보다 값싸게 일본을 여행할 수 있기 때문이다.

② 2024년 5월 일본을 찾은 외국인은 304만 100명으로, 2023년 5월보다 60.1%나 늘어났다.

③ 2024년 5월 일본을 찾은 중국 관광객은 전체의 25%를 차지하며 가장 많았다.

④ 외국인 관광객이 일본 내에서 쓰는 소비가 늘어나면서 2024년 4월 일본의 여행수지 흑자는 역대 최고치를 기록했다.

어휘 익히기 다음 초성 힌트와 설명을 보고 해당하는 어휘를 적어 보세요.

- ㅅㅂㅇ　호텔이나 여관 같이 손님을 숙박시키고 요금을 받는 영업.

- ㅇㄹㄴ　노동력이 부족하여 겪는 어려움.

- ㅎㅈ　수입이 지출보다 많아 잉여 이익이 생기는 일.

생각 곱씹기 일본 여행을 간다면 어디에 가 보고 싶나요? 이유와 함께 적어 보세요.

고립된 러시아가 꺼낸 비장의 카드

> **미리 보기 사전**
> **국제 사회**
> 여러 나라가 서로 교류하고 의존하면서 국제적 공동생활을 해나가는 사회를 말해요.

2022년 2월 전쟁을 일으킨 러시아가 전쟁이 길어지며 국제 사회에서 고립되고 있어요. 그러자 러시아는 원자력 발전소를 앞세워 국제 사회에서 우군을 찾으려 하고 있어요.

원자력 발전소 내세우는 러시아

전쟁을 일으킨 뒤 국제 사회의 제재를 받는 러시아는 이를 탈피하기 위해 원자력 발전소 카드를 꺼내 들었어요. 원자력 발전 산업은 러시아가 전통적으로 강한 분야예요. 전쟁이 일어나기 전만 해도 러시아는 원자력 발전소 건설과 해체, 원자력 발전 폐기물 관리 등에서 전 세계 일감의 절반을 담당했어요. 2024년 기준으로 전 세계에서 새로 짓는 원자력 발전소의 3분의 1 이상 러시아가 참여하고 있기도 해요.

원전 계약 맺으면 최소 70년은 관계 유지해야

원자력 발전소는 새로 짓는 데 10년이 걸리고 수명은 60년이 넘어요. 그래서 러시아와 원자력 발전소 건설 및 관리 계약을 맺은 나라는 러시아와 오랫동안 관계를 이어가야 해요. 원자력 발전에 대한 기술력이 없으니 러시아에 모든 것을 의지할 수밖에 없어요. 현재 방글라데시와 튀르키예에서 원자력 발전소를 건설 중인 러시아는 원자력 발전소를 앞세워 아프리카와 남아메리카 나라에도 손을 뻗고 있어요.

핵심 단어 찾기 빈칸에 들어갈 알맞은 단어를 찾아 ✓ 표 하세요.

- 2022년 2월 전쟁을 일으킨 (   )가 전쟁이 길어지며 국제 사회에서 고립되고 있어요.
- 러시아는 (   )를 앞세워 우군을 찾고 있어요.

☐ 러시아
☐ 조지아
☐ 화력 발전소
☐ 원자력 발전소

꼼꼼히 읽기 러시아의 원자력 발전소 수출에 대한 설명으로 틀린 것을 고르세요. (   )

① 원자력 발전 산업은 러시아가 전통적으로 강한 산업 분야이다.
② 2024년 현재 전 세계에서 새로 짓고 있는 원자력 발전소의 3분의 1 이상에 러시아가 참여하고 있다.
③ 러시아와 원자력 발전소 계약을 맺은 나라는 건설 시기에만 러시아와 관계를 이어간다.
④ 러시아는 원자력 발전소를 내세워 아프리카에도 손을 뻗고 있다.

어휘 익히기 다음 초성 힌트와 설명을 보고 해당하는 어휘를 적어 보세요.

- ㅇㄱ   자기와 같은 편인 군대.
- ㅈㅈ   법이나 규정을 어겼을 때 처벌이나 금지를 행함.
- ㅍㄱㅁ   못 쓰게 되어 버리는 물건.

생각 곱씹기 원자력 발전소가 필요한 나라들에게 러시아 말고 다른 선택지는 없을까요?

MZ 덕에 역주행한 탄산음료

> **미리보기사전**
>
> **닥터 페퍼(Dr Pepper)**
> 1885년 미국의 약사이자 탄산음료 판매원이었던 찰스 앨더튼이 개발해 출시한 탄산음료예요. 출시 시기만 놓고 보면 코카콜라(1886년)나 펩시(1890년)보다 빨라요.

2023년 미국에서 가장 많이 팔린 탄산음료는 단연 코카콜라였어요. 그럼 두 번째로 많이 팔린 탄산음료는 무엇일까요?

혁신적 마케팅으로 음료 시장을 선두

코카콜라와 탄산음료계의 양대 산맥을 이루며 영원히 2위를 유지할 것 같았던 펩시를 근소한 차이로 밀어내고 탄산음료 판매 2위를 차지한 음료는 바로 닥터페퍼예요. 음료 시장 분석 업체인 베버리지 다이제스트가 발표한 2023년 미국 탄산음료 판매 순위를 보면 닥터페퍼는 8.34%의 점유율을 기록하며 2위를 차지했고, 펩시가 8.31%로 3위였어요. 20년 전인 2004년만 해도 점유율 5.57%로 5위에 머물렀던 닥터페퍼는 혁신적인 마케팅과 특이한 맛의 신제품 개발, 소셜 미디어 활용 덕분에 2위까지 올라섰어요.

틱톡 영상으로 MZ 세대에게 인기몰이

닥터페퍼의 인기는 소셜 미디어 '틱톡'의 인플루언서들이 올린 닥터페퍼 관련 영상이 입소문을 탄 영향이 커요. 닥터페퍼에 다른 음료를 섞거나 이탈리아 고추를 섞어 마시는 영상이 큰 관심을 얻으며 MZ 세대에서 닥터페퍼가 인기를 끌었어요. 또한 MZ 세대가 색다른 맛을 찾는다는 점에 착안해 딸기·크림 등 새로운 맛의 제품을 출시한 것도 닥터페퍼의 소비층을 넓히는 데 한몫했어요.

핵심 단어 찾기 빈칸에 들어갈 알맞은 단어를 찾아 ✓ 표 하세요.

- (　　)는 1885년 미국의 약사이자 탄산음료 판매원이었던 찰스 앨더튼이 개발해 출시한 탄산음료예요.
  - ☐ 닥터슬럼프
  - ☐ 닥터페퍼
- 닥터페퍼의 인기는 소셜 미디어 (　　)의 인플루언서들이 올린 닥터페퍼 관련 영상이 입소문을 탄 영향이 컸어요.
  - ☐ 틱톡
  - ☐ 엑스

꼼꼼히 읽기 닥터 페퍼에 대한 설명으로 <u>틀린</u> 것을 고르세요. (　　)

① 2023년 미국에서 가장 많이 팔린 탄산음료는 코카콜라, 2위는 닥터페퍼였다.
② 닥터페퍼는 8.34%의 점유율을 기록했고, 펩시가 8.31%로 3위를 차지했다.
③ 닥터페퍼에 다른 음료를 섞거나 이탈리아 고추를 섞어 마시는 영상이 인기를 얻었다.
④ 딸기·크림 등 새로운 맛의 제품을 출시한 것은 닥터페퍼의 소비층을 줄이는 결과를 가져왔다.

어휘 익히기 다음 초성 힌트와 설명을 보고 해당하는 어휘를 적어 보세요.

- ㅊ ㅅ　　　　상품이 시중에 나옴. 또는 상품을 시중에 내보냄.
- ㅅ ㅅ ㅁ ㄷ ㅇ　　자신의 생각과 의견, 경험 등을 공유하는 온라인상의 콘텐츠.
- ㅇ ㅅ ㅁ　　　　입에서 입으로 전하는 소문.

생각 곱씹기 입소문은 물건을 구매할 때 어떤 영향을 줄까요?

윽, 아이스크림에 베이컨 토핑이라니!

> **미리보기사전**
>
> **인공지능(AI) 주문 서비스**
> 인공지능이 주문받는 것을 말해요. 미국의 패스트푸드 프랜차이즈 맥도날드는 IT 기업 IBM과 손잡고 드라이브스루 매장 100여 곳에 AI 주문 서비스를 도입했어요.

2024년 7월 맥도날드는 야심차게 도입했던 드라이브스루 AI 주문 서비스를 중단했어요. 주문 오류가 잦아서 직원이 개입하는 일이 늘어났기 때문이에요.

AI의 뒤엉켜버린 주문 실수

맥도날드의 AI 주문 서비스를 통해 음식을 사려던 고객들은 AI가 주문을 정확하게 알아듣지 못해 애를 먹었어요. 그런 상황은 틱톡에 영상으로 올라와 화제가 됐어요. 고객이 물과 바닐라 아이스크림을 주문했는데 버터와 커피 크림이 추가됐고, 아이스크림에 베이컨이 토핑으로 추가되기도 했어요. 또 아이스티 1개를 주문했는데, 9개를 주문받기도 했어요.

구글의 챗봇 도입 예정

결국 맥도날드는 IBM과 협업을 종료하고 드라이브스루 매장에서 진행하던 AI 주문 서비스를 종료했어요. 이를 두고 영국의 공영방송사 BBC는 "AI가 식당 종업원을 대체하는 일이 간단하지 않을 수 있다."라고 보도했어요. 그럼에도 맥도날드 측은 "AI 기술은 여전히 식당의 미래라고 확신한다."고 입장을 밝혔어요. 맥도날드는 주문 자동화를 위해 곧 구글의 업무 지원용 챗봇 '애스크 피클'을 도입하는 등 AI 활용을 계속할 것으로 알려졌어요.

핵심 단어 찾기 빈칸에 들어갈 알맞은 단어를 찾아 ☑ 표 하세요.

- 사람 대신 인공지능이 고객의 주문을 받는 것을 (　) 서비스라고 해요.
- 미국의 패스트푸드 프랜차이즈 (　)는 드라이브스루 매장에서 시행하던 AI 주문 서비스를 중단하기로 했어요.

☐ AI 주문
☐ 번호표 주문
☐ 맘스터치
☐ 맥도날드

꼼꼼히 읽기 맥도날드의 AI 주문 서비스에 대한 설명으로 틀린 것을 고르세요. (　)

① 2021년 10월부터 미국의 모든 매장에서 AI 주문 서비스를 도입했다.
② AI 주문 서비스는 주문 오류가 잦아서 직원이 개입해야 하는 일이 늘어났다.
③ 2024년 7월 맥도날드는 드라이브스루 AI 주문 서비스를 중단했다.
④ 맥도날드는 곧 구글의 업무 지원용 챗봇 '애스크 피클'을 도입할 예정이다.

어휘 익히기 다음 초성 힌트와 설명을 보고 해당하는 어휘를 적어 보세요.

- ㅍㄹㅊㅇㅈ　　본사가 있고 여러 지점을 운영하는 체계의 사업 방식.
- ㄷㄹㅇㅂㅅㄹ　자동차에 탄 채로 쇼핑할 수 있는 상점.
- ㅌㅍ　　　　　요리나 과자의 끝마무리에, 재료를 올리거나 장식하는 것.

생각 곱씹기 맥도날드가 AI 주문 서비스를 무사히 정착시키기 위해 어떤 장치가 필요할까요?

_____
_____
_____

이제 먹방 시청을 금지합니다

> **미리보기 사전**
>
> **먹방**
> '먹는 방송'을 줄인 말이에요. 출연자들이 음식 먹는 모습을 주로 보여 주는 영상이나 방송 프로그램이에요.

필리핀 정부가 먹방 콘텐츠 금지를 검토하고 있어요. 필리핀의 유튜버가 먹방 촬영 다음 날 사망했기 때문인데요. 어떻게 된 일인지 알아봤어요.

먹방 촬영 다음날 뇌졸중으로 사망

2024년 6월 필리핀의 유튜버 동즈 아파탄이 숨졌어요. 동즈 아파탄은 47만 명의 구독자를 보유한 먹방 유튜버예요. 그는 치킨과 쌀밥을 조리해 먹는 먹방 영상을 올린 다음 날 사망했어요. 심장마비로 혼수상태에 빠진 그는 출혈성 뇌졸중으로 사망한 것으로 알려졌는데요. 매일 짠 음식과 고기를 많이 섭취해 뇌의 혈관이 막힌 것으로 추측돼요. 즉, 사망 원인이 먹방일 가능성이 높은 거예요.

자극적인 먹방 막아야

그러자 필리핀 보건부 테오도로 헤르보사 장관이 먹방 콘텐츠 금지를 검토하겠다고 나섰어요. 헤르보사 장관은 "먹방 유튜버가 사람들이 대식가처럼 먹도록 만들고 있다."며 "공중 보건에 위협이 되는 일을 통해 돈을 벌지 못하게 막아야 한다."고 이야기했어요. 필리핀 보건부는 조사를 통해 아파탄의 사망이 먹방과 관련이 있는 것으로 밝혀지면 먹방 콘텐츠 금지를 추진할 계획이에요.

핵심 단어 찾기 빈칸에 들어갈 알맞은 단어를 찾아 ✓ 표 하세요.

- 출연자들이 음식 먹는 모습을 주로 보여 주는 방송을 (　　)이라고 해요.
- 자국의 먹방 (　　)가 사망하자 필리핀 보건부 장관은 먹방 콘텐츠 금지를 검토하고 있어요.

☐ 쿡방
☐ 먹방
☐ 아나운서
☐ 유튜버

꼼꼼히 읽기 필리핀 정부의 먹방 금지 검토에 대한 설명으로 <u>틀린</u> 것을 고르세요. (　　)

① 필리핀의 먹방 유튜버가 치킨과 쌀밥을 먹는 먹방 영상을 올린 다음 날 사망했다.
② 매일 짠 음식과 고기를 많이 섭취해 뇌의 혈관이 막힌 것으로 추측된다.
③ 사망한 유튜버는 47만 명의 구독자를 보유한 먹방 유튜버다.
④ 필리핀 보건부 장관은 먹방 콘텐츠를 장려하고 있다.

어휘 익히기 다음 초성 힌트와 설명을 보고 해당하는 어휘를 적어 보세요.

- ㅎ ㅅ ㅅ ㅌ   의식을 잃고 인사불성이 되는 일.
- ㄷ ㅅ ㄱ   음식을 보통 사람보다 많이 먹는 사람.
- ㄱ ㅈ ㅂ ㄱ   지역 사회 등에서 질병 예방과 치료로 구성원들의 건강과 생명을 보호하는 일.

생각 곱씹기 '공중 보건에 위협이 되어서 먹방을 금지하는 것'에 대한 찬반 의견을 이유와 함께 적어 보세요.

센강에 똥을 쌉시다

미리보기사전

센강(Siene River)
프랑스 북부를 흐르는 길이 776km의 강이에요. 부르고뉴, 샹파뉴에서 시작하여 파리를 거쳐 영국 해협으로 흘러 들어가요.

파리 올림픽을 한 달 앞두었던 2024년 6월 프랑스 파리에서는 '센강에 똥을 싸자'는 기이한 캠페인이 벌어졌어요. 올림픽을 앞두고 많은 외국인이 파리를 찾을 텐데, 센강에 똥을 싸자니 무슨 이유였을까요?

센강 정화 사업에 14억 유로 쏟아 부어

센강은 파리 올림픽에서 철인 3종 경기의 수영과 수영 마라톤으로 불리는 오픈 워터 스위밍이 열린 장소예요. 그동안 센강은 산업화로 인한 수질 악화로 1923년부터 일반인의 입수가 금지되었는데요. 파리시는 올림픽 유치에 성공한 뒤 센강의 수질을 개선한다며 정화 사업에 14억 유로(약 2조 500억 원)를 투입했어요. 이렇게 막대한 돈을 썼는데도 올림픽 전에 진행된 수질 검사에서 대장균이 득실거리는 등 세균이 기준치를 초과한 것으로 드러났어요.

시민을 위해 쓰여야 할 세금이 낭비

이런 가운데 소셜 미디어에서는 프랑스어로 '6월 23일 센강에 똥을 싸자'라는 해시태그가 공유되었어요. 6월 23일은 파리시의 안 이달고 시장이 깨끗해진 센강에서 수영하겠다고 약속한 날인데요. 이 해시태그를 공유한 파리 시민들은 시민을 위해 쓰여야 할 세금이 쓸모없는 곳에 낭비됐다며 분노했어요. 한편 올림픽 중에는 철인 3종 경기에 출전한 한 선수가 경기 후 구토하는 장면이 중계되며, 센강 수질 논란이 다시 일어나기도 했어요.

핵심 단어 찾기 빈칸에 들어갈 알맞은 단어를 찾아 ✓ 표 하세요.

- ( )은 프랑스 북부를 흐르는 강으로, 부르고뉴, 샹파뉴에서 시작하여 파리를 거쳐 영국 해협으로 흘러 들어가요.

- ( )을 한 달 앞두고 '센강에 똥을 싸자'는 캠페인이 벌어졌어요.

☐ 센강
☐ 템스강
☐ 파리 올림픽
☐ 파리 월드컵

꼼꼼히 읽기 센강에 대한 설명으로 <u>틀린</u> 것을 고르세요. ( )

① 길이 776km의 강으로, 파리 시내를 흐른다.
② 파리 올림픽의 다이빙 종목이 열린 곳이다.
③ 산업화로 인한 수질 악화로 1923년부터 일반인의 입수가 금지되어 왔다.
④ 파리시는 올림픽 유치에 성공한 뒤 센강 정화 사업에 14억 유로를 투입했다.

어휘 익히기 다음 초성 힌트와 설명을 보고 해당하는 어휘를 적어 보세요.

- ㅎㅎ   육지 사이에 끼어 있는 좁고 긴 바다.

- ㅅㅈ   물의 성질.

- ㅅㄱ   국가 또는 지방 자치 단체가 사용하기 위하여 국민이나 주민으로부터 강제로 거두어들이는 금전.

생각 곱씹기 여러분이 파리 시민이라면 어떤 정책이 수질 개선보다 더 중요하다고 느껴질까요?

_____

_____

_____

93

정직한 노숙인에게 다가온 행운

> **미리 보기 사전**
> **노숙인**
> 길이나 공원 등지에서 한뎃잠을 자는 사람을 말해요.

네덜란드의 한 노숙인이 돈이 든 지갑을 주워 경찰에 맡겼다가 지갑 속 돈의 10배가 넘는 후원금을 받게 됐어요.

300만 원 든 지갑을 주워 경찰서로

거리에서 18개월째 노숙 생활을 하던 하제르 알 알리는 암스테르담 중앙역에서 돈으로 바꿀 공병을 찾다가 지갑을 발견했어요. 하제르는 곧장 지갑을 인근 경찰서에 가져다줬어요. 지갑 안에는 신분증이나 연락처는 없었고 현금 2,000유로(약 297만 원)가 들어 있었어요. 네덜란드 경찰은 "하제르의 정직함이 보상받아 마땅하다."며 특별한 일을 한 시민에게 수여하는 '은엄지' 상과 50유로(약 7만 4,000원) 상당의 상품권을 제공했어요.

후원금 5천만 원으로 임대주택 마련

이 사연이 알려진 뒤 온라인 후원금 모금 사이트 '고펀드미'에서 하제르를 후원하기 위한 모금이 시작됐어요. 모두 2,800명의 후원자가 모금에 참여했고, 하루 만에 3만 4,102유로(약 5,000만 원)가 모였어요. 두 아이의 아버지인 하제르는 이 후원금으로 임대주택을 마련했고, 일자리도 제안받았어요. 하제르는 SNS를 통해 "모금된 돈으로 인생을 재건할 수 있게 되었다. 모두에게 감사하다."고 소감을 전했어요.

출처 : 네덜란드 경찰 인스타그램

핵심 단어 찾기 빈칸에 들어갈 알맞은 단어를 찾아 ☑ 표 하세요.

- 길이나 공원 등지에서 한뎃잠을 자는 사람을 (　　)이라고 해요.
- 네덜란드의 한 노숙인이 300만 원이 든 지갑을 주워 경찰에 맡겼다가 5천만 원이 넘는 (　　)을 받게 됐어요.

☐ 노숙인
☐ 유명인
☐ 후원금
☐ 벌금

꼼꼼히 읽기 하제르 알 알리에 대한 설명으로 <u>틀린</u> 것을 고르세요. (　　)

① 거리에서 18개월째 노숙 생활을 하고 있었다.
② 암스테르담 중앙역에서 돈으로 바꿀 공병을 찾다가 지갑을 발견했다.
③ 하제르는 곧장 지갑을 인근 경찰서에 가져다 줬다.
④ 두 아이의 아버지인 하제르는 후원금을 탕진했다.

어휘 익히기 다음 초성 힌트와 설명을 보고 해당하는 어휘를 적어 보세요.

- ㄴㅅ　　　한데에서 자는 잠.
- ㅎㅇㄱ　　개인이나 단체의 활동, 사업을 돕기 위한 기부금.
- ㅇㄷㅈㅌ　소유자가 거주자와 임대차 계약을 맺어 집세를 받고 빌려주는 주택.

생각 곱씹기 하제르에게 후원금을 보낸 사람은 어떤 생각으로 후원한 걸까요?

_____
_____
_____

가장 못생긴 개를 찾습니다

미리보기사전

유기견
주인이 돌보지 않고 내다 버린 개를 말해요.

세계에서 가장 못생긴 개를 뽑는 대회가 미국 캘리포니아주 페탈루마에서 열렸어요. 정말 이런 대회가 있나 고개를 갸우뚱하는 사람도 있을 텐데요. 실제로 있는 대회이며, 영어로는 'The World's Ugliest Dog Contest'라고 해요.

다섯 번의 도전 끝에 가장 못생긴 개로 뽑혀

2024년 열린 대회에서는 총 여덟 마리의 개가 참가해 외모를 겨루었어요. 참가한 개들은 대부분 보호소를 통해 입양된 유기견들이에요. 심사 결과 페키니즈 종인 8살 '와일드 탕'이 가장 못생긴 개로 뽑혔어요. 와일드 탕은 다섯 번째 도전 끝에 가장 못생긴 개 1위에 올랐어요. 길고 부스스한 털과 입 밖으로 튀어나온 혀가 매력으로 꼽혔어요. 와일트 탕에게는 상금 5,000달러(약 695만 원)와 함께 미국 NBC 방송 출연 기회가 주어졌어요.

백신 접종의 중요성을 알리기 위해 대회 출전

유기견이었던 와일드 탕은 생후 10주 무렵, 개홍역 진단을 받았어요. 이 병으로 와일드 탕은 다리를 떠는 근육병과 치아가 자라지 않는 장애를 얻었어요. 치아가 자라지 않아 와일드 탕의 혀는 늘 입 밖으로 튀어나와 있어요. 와일드 탕의 보호자 앤 루이스는 "개홍역 백신 접종의 중요성을 알리기 위해 이 대회에 참가했다."고 말했어요. 이 대회는 모든 개가 나이나 외모로 차별받지 않고 사랑받을 자격이 있다는 것을 알리려는 취지로 열리고 있어요.

출처 : 소노마 마린 페어 누리집

핵심 단어 찾기 빈칸에 들어갈 알맞은 단어를 찾아 ✅ 표 하세요.

- 주인이 돌보지 않고 내다 버린 개를 (　　)이라고 해요.

- 세계에서 가장 못생긴 개 선발대회는 모든 개가 나이나 외모로 (　　) 받지 않고 사랑받을 자격이 있다는 것을 알리려는 취지로 열려요.

☐ 투견
☐ 유기견
☐ 예쁨
☐ 차별

꼼꼼히 읽기 세계에서 가장 못생긴 개 선발대회에 대한 설명으로 <u>틀린</u> 것을 고르세요. (　　)

① 이 대회에 참가한 개들은 대부분 보호소를 통해 입양된 유기견들이다.
② 와일드 탱은 길고 부스스한 느낌을 주는 털과 입 밖으로 튀어나온 혀가 매력 포인트로 꼽혔다.
③ 와일드 탱과 보호자 앤 루이스는 개홍역 백신 접종의 중요성을 알리기 위해 이 대회에 참가해 왔다.
④ 이 대회는 못생긴 개를 놀리려는 취지로 열리고 있다.

어휘 익히기 다음 초성 힌트와 설명을 보고 해당하는 어휘를 적어 보세요.

- ⓑ ⓗ ⓢ   위험이나 곤란이 미치지 않도록 보호하려고 만든 곳.

- ⓩ ⓩ   병의 예방과 치료를 위하여 병원균이나 항독소, 항체를 몸에 주입함.

- ⓒ ⓩ   어떤 일의 근본이 되는 목적이나 긴요한 뜻.

생각 곱씹기 와일드 탱과 보호자에게 보낼 응원의 메시지를 적어 보세요.

_____
_____
_____

중국과 베트남의 인공섬 만들기 대결

미리보기사전

인공섬
강이나 바다에 인공적으로 만든 섬을 뜻해요.

최근 베트남이 남중국해의 여러 암초 주위를 매립해 빠르게 인공섬을 만들고 있어요. 남중국해는 그동안 중국이 인공섬 만들기에 열을 올린 바다인데요. 두 나라는 왜 이렇게 경쟁적으로 인공섬을 만드는 걸까요?

중국을 빠르게 뒤쫓는 베트남

2024년 6월 미국 전략국제문제연구소 산하 아시아해양투명성이니셔티브(AMTI)가 발표한 자료에 의하면 베트남이 남중국해를 매립한 면적은 총 9.55km²예요. 중국의 매립 면적 18.82km²의 절반 수준에 이르러요. 3년 전만 해도 베트남의 남중국해 매립 면적은 1.33km²에 그쳐 중국의 10분의 1 정도였어요. 현재 남중국해에서 가장 면적이 넓은 인공섬 1~3위는 중국의 섬이지만, 4~10위는 모두 베트남 섬이에요.

경제·군사적으로 중요한 남중국해

남중국해는 풍부한 어장과 잠재적 해저 자원을 갖고 있어서 경제적 가치가 매우 높고, 군사적으로도 중요한 위치에 자리했어요. 중국은 명나라 때부터 남중국해를 관리해왔다는 문건을 토대로 남중국해가 중국 소유라고 주장해 왔어요. 남중국해 곳곳에 중국 영토로 분류되는 인공섬을 건설해 영토를 넓히고 있죠. 그러자 베트남이 맞불 작전으로 인공섬을 만들고 있는 거예요. 앞으로 남중국해에서 중요한 천연자원이 나오면 어떻게 될까요? 전 세계가 남중국해를 주목하고 있어요.

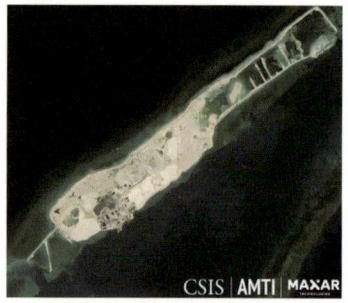
ⓒ CSIS

핵심 단어 찾기 빈칸에 들어갈 알맞은 단어를 찾아 ✅ 표 하세요.

- 강이나 바다에 인공적으로 만든 섬을 (　　)이라고 해요.
- (　　)이 남중국해의 여러 암초 주위를 매립해 인공섬을 만들어, 중국이 만든 인공섬 면적의 절반 수준까지 따라왔어요.

☐ 화산섬
☐ 인공섬
☐ 베트남
☐ 필리핀

꼼꼼히 읽기 남중국해의 인공섬에 대한 설명으로 <u>틀린</u> 것을 고르세요. (　　)

① 3년 전만 해도 베트남의 남중국해 매립 면적은 중국의 10분의 1 정도였다.
② 남중국해에서 가장 면적이 넓은 인공섬 1~3위는 베트남의 섬이다.
③ 남중국해는 풍부한 어장과 잠재적 해저 자원을 갖고 있어 경제적 가치가 매우 높은 곳이다.
④ 중국은 옛 문건을 토대로 남중국해가 중국의 소유라고 주장해 왔다.

어휘 익히기 다음 초성 힌트와 설명을 보고 해당하는 어휘를 적어 보세요.

- ㅇㅊ　　물속에 잠겨 보이지 아니하는 바위나 산호.
- ㅁㄹ　　우묵한 땅이나 하천, 바다 등을 돌이나 흙 등으로 채움.
- ㅇㅈ　　풍부한 수산 자원이 있고 어업을 할 수 있는 수역.

생각 곱씹기 인공섬 만들기가 환경에 미치는 악영향은 없을까요?

_____
_____
_____

우크라이나 후원하면 레고가 선물로!

> **미리보기사전**
>
> **레고(Lego)**
> 덴마크의 블록 장난감 회사로, 창업자는 덴마크의 목수 올레 키르크 크리스티얀센이에요. 레고에서 만든 블록 장난감을 흔히 '레고'라고 불러요.

러시아와의 전쟁이 길어지면서 재정이 부족해진 우크라이나 정부는 후원자에게 독특한 레고 세트를 선물하는 프로그램을 통해 9,000억 원이 넘는 자금을 모았다고 해요.

우크라이나의 독특한 모금 이벤트

전쟁을 일으킨 러시아는 중국, 북한, 벨라루스 등 친밀한 나라들과 협력하며 우크라이나를 압박하고 있어요. 우크라이나는 미국과 유럽연합의 지원을 받으며 버티고 있는데요. 최근에는 도널드 트럼프 미국 대통령 후보가 우크라이나 지원에 반대하고 나서 우크라이나 정부는 위기감을 느끼고 있어요. 이러한 와중에 우크라이나 정부가 운영하는 재건 후원 모금단체인 유나이티드24가 6억 5,000만 달러(약 9,018억 원)가 넘는 재건 자금을 모았다고 해요.

폭격으로 파괴된 건축물을 레고로 만들어

© united24

2022년 5월부터 모금을 시작한 유나이티드24는 24달러 이상 기부한 후원자에게 추첨을 통해 레고 세트를 선물하는 프로그램으로 인기를 끌고 있어요. 이 레고 세트는 러시아의 폭격으로 파괴되거나 붕괴 위험에 놓인 우크라이나의 건축물들을 레고로 만든 거예요. 유나이티드24는 모금액을 통해 지금까지 병원 5개와 주거용 건물 18동, 교량 24개를 다시 지었다고 해요. 또 240대의 구급차와 659대의 병원 발전기를 구매할 수 있었어요.

핵심 단어 찾기 빈칸에 들어갈 알맞은 단어를 찾아 ✓ 표 하세요.

- ( )는 덴마크의 블록 장난감 회사로, 창업자는 덴마크의 목수 올레 키르크 크리스티얀센이에요.
  - ☐ 레고
  - ☐ 디즈니

- 전쟁이 길어지면서 재정이 부족해진 ( ) 정부는 후원자에게 레고 세트를 선물로 주는 프로그램을 통해 9,000억 원이 넘는 자금을 모았어요.
  - ☐ 우크라이나
  - ☐ 벨라루스

꼼꼼히 읽기 우크라이나와 레고 세트에 대한 설명으로 틀린 것을 고르세요. ( )

① 전쟁은 러시아가 일으켰다.
② 러시아는 중국, 북한, 벨라루스 등 친밀한 나라들과 협력하며 우크라이나를 압박하고 있다.
③ 유나이티드24는 후원자에게 추첨을 통해 레고 세트를 선물하는 프로그램으로 인기를 끌고 있다.
④ 레고 세트는 폭격으로 파괴되거나 붕괴 위험에 놓인 러시아의 건축물들을 레고로 만든 것이다.

어휘 익히기 다음 초성 힌트와 설명을 보고 해당하는 어휘를 적어 보세요.

- ㅈㅈ 국가 또는 지방 자치 단체가 공공 정책을 시행하기 위하여 자금을 관리하고 이용하는 경제 활동.

- ㅂㄱ 무너지고 깨어짐.

- ㄱㄹ 시내나 강을 사람이나 차량이 건널 수 있게 만든 다리.

생각 곱씹기 우리나라의 건축물을 레고로 만든다면 어떤 것을 만들고 싶은지 이유와 함께 적어 보세요.

도쿄와 오사카 잇는 컨베이어 벨트

미리보기 사전

컨베이어 벨트(Conveyor Belt)
두 개의 바퀴에 벨트를 걸어 돌리면서 그 위에 물건을 올려 연속적으로 운반하는 장치를 뜻해요. 주로 대량 생산의 작업에 써요.

일본 정부가 2024년 2월부터 세계 최초의 화물 운송 계획을 준비하고 있어요.

하루에 화물차 2만 5,000대 분량의 화물 운송

도쿄와 오사카는 일본을 대표하는 양대 도시예요. 두 도시의 거리는 500km로 서울과 부산의 거리인 400km보다 멀어요. 컨베이어 벨트는 지상과 지하에 만드는 방안이 모두 검토되고 있어요. 전문가들이 예상하는 컨베이어 벨트의 운송 능력은 하루에 화물차 2만 5,000대 분량이에요. 주로 농수산물이나 생활필수품 등 작은 부피의 물건이 운송될 예정이에요. 컨베이어 벨트의 완공에는 최대 3조 7,000억 엔(약 31조 원)의 비용이 투입될 전망이에요.

고령화에 대비한 계획

화물차 대신 컨베이어 벨트로 짐을 운송하려는 이유는 고령화로 인해 화물차 운전기사가 부족해질 것을 대비하기 위해서예요. 2023년 기준으로 일본 인구의 29%가 65세 이상 고령층이에요. 일본의 화물차 운전기사는 2020년 66만 명에서 2030년 48만 명으로 줄어들 것으로 예상되고요. 일본 정부는 2034년 완공을 목표로 추진 중이며, 컨베이어 벨트로 화물 운송이 간편해지면 화물차 운행 감소로 온실가스도 줄일 수 있을 것이라고 설명했어요.

핵심 단어 찾기 빈칸에 들어갈 알맞은 단어를 찾아 ☑ 표 하세요.

- 두 개의 바퀴에 벨트를 걸어 돌리면서 그 위에 물건을 올려 연속적으로 운반하는 장치를 (   )라고 해요.
  - ☐ 안전벨트
  - ☐ 컨베이어 벨트

- 일본 정부는 (   )와 (   ) 사이 500km를 잇는 초장거리 컨베이어 벨트 건설 계획을 세웠어요.
  - ☐ 도쿄 / 오사카
  - ☐ 교토 / 나고야

꼼꼼히 읽기 일본의 컨베이어 벨트 계획에 대한 설명으로 <u>틀린</u> 것을 고르세요. (   )

① 컨베이어 벨트는 지상과 지하에 만드는 방안이 모두 검토되고 있다.
② 전문가들이 예상하는 컨베이어 벨트의 운송 능력은 하루에 화물차 2만 5,000대 분량이다.
③ 고령화로 인해 화물차 운전기사가 부족해질 것을 대비하기 위해서다.
④ 일본 정부는 컨베이어 벨트로 화물 운송이 복잡해지지만 온실가스는 줄일 수 있을 것이라고 설명했다.

어휘 익히기 다음 초성 힌트와 설명을 보고 해당하는 어휘를 적어 보세요.

- ㅇㅅ   사람을 태워 보내거나 물건을 실어 보냄.

- ㅇㄱ   공사를 완성함.

- ㅎㅁㅊ   화물을 실어 나르는 자동차.

생각 곱씹기 인구 고령화로 인해 일본 사회가 이미 달라진 것을 한 가지 적어 보세요.

_____

_____

_____

새 총리가 반가워, 야옹!

> **미리보기사전**
>
> **터줏대감**
> 집단의 구성원 가운데 가장 오래된 사람을 이르는 말이에요. 여기에서 '터주'는 집터를 지키는 땅의 신을 말해요.

2024년 7월 영국에서 임기 5년의 하원의원 650명을 뽑는 선거가 있었어요. 이 선거를 통해 취임한 새로운 총리가 처음 출근한 날, 총리 관저의 터줏대감이 반겨주었다고 해요. 이 터줏대감은 누구일까요?

여섯 번째 총리를 맞은 래리

영국 총리 관저를 지키는 터줏대감은 바로 고양이 래리예요. 영국 정부의 공식 쥐잡이 고양이 래리의 정식 지위는 총리 관저 수석 수렵 보좌관이에요. 올해 17살이 된 래리는 2011년 데이비드 캐머런 총리가 런던의 한 유기 동물 보호소에서 입양해 관저로 데려왔어요. 그 뒤로 테레사 메이, 보리스 존슨, 리즈 트러스, 리시 수낵 등 모두 5명의 총리와 함께 관저에서 생활했고 이번에 여섯 번째로 키어 스타머 총리를 집사로 맞았어요.

곧 고양이 동료가 생길지도?

그런데 이번에는 새 동료가 생길 가능성이 매우 높아요. 스타머 총리가 이미 '조조'라는 이름의 반려묘를 키우기 때문이에요. 스타머 총리가 조조를 관저로 데리고 들어오면 래리는 새로운 동료와 함께 지내야 해요. 래리는 자신의 소셜네트워크서비스(SNS)를 통해 스타머 총리에게 축하 인사를 전하며, "식사 시간만 제대로 지켜 주면 나머지 업무는 수월할 것."이라는 글을 남겼어요.

출처 : 영국 정부 누리집 갈무리

핵심 단어 찾기 빈칸에 들어갈 알맞은 단어를 찾아 ✓ 표 하세요.

- 집단의 구성원 가운데 가장 오래된 사람을 흔히 (　　)이라고 해요.
- 영국 총리 관저를 지키고 있는 (　　) 래리의 정식 지위는 총리 관저 수석 수렵 보좌관이에요.

☐ 터줏대감
☐ 천하대장군
☐ 고양이
☐ 강아지

꼼꼼히 읽기 영국 총리 관저의 터줏대감 래리에 대한 설명으로 틀린 것을 고르세요. (　　)

① 2011년 데이비드 캐머런 총리가 런던의 한 유기동물 보호소에서 입양해 관저로 데려왔다.
② 래리의 정식 지위는 총리 관저 수석 수렵 보좌관이다.
③ 이번에 여섯 번째 총리인 키어 스타머 총리를 집사로 맞았다.
④ 자신의 소셜네트워크서비스(SNS)를 통해 "취침 시간만 제대로 지켜 주면 나머지 업무는 수월할 것."이라는 글을 남겼다.

어휘 익히기 다음 초성 힌트와 설명을 보고 해당하는 어휘를 적어 보세요.

- ㅇㄱ　　임무를 맡아보는 일정한 기간.
- ㄱㅈ　　정부에서 장관급 이상의 고위직 공무원들이 살도록 마련한 집.
- ㅈㅅ　　고양이를 시중들듯이 살뜰히 돌보며 기르는 사람을 비유적으로 이르는 말.

생각 곱씹기 여러분이 영국 총리라면 래리에게 어떤 임무를 주고 싶은가요?

_____
_____
_____

불공정한 할당제는 결사반대!

미리보기 사전

할당제
몫을 갈라 나누거나 책임을 지우는 제도를 뜻해요. 주로 장애인 등 사회적 약자에게 몫을 나눠 줄 때 쓰여요.

방글라데시 정부가 독립 유공자 후손에게 특혜를 주는 '공무원 할당제'를 시행하려고 하자 시민들이 반대 시위를 일으켰어요.

사라진 제도를 왜 부활시키나

방글라데시 정부는 1971년 독립 전쟁에 참전했던 군인 자녀에게 공직의 30%를 할당하는 정책을 시행해 왔어요. 공정하지 않게 권력이 대물림되는 상황이 반복되자 시민들의 반발이 커졌고, 결국 2018년 할당제는 폐지됐어요. 그런데 2024년 6월 방글라데시 정부가 다시 이 제도를 시행하겠다고 결정하면서 반대 시위가 시작된 거예요.

취업난 겪는 청년들

현재 방글라데시의 청년 실업률은 40%에 달해요. 시위대의 대부분은 취업난을 겪는 청년들이고요. 이들은 대학을 나와도 일자리가 없는 상황에서 독립 유공자 후손만 혜택을 누리는 건 형평성에 어긋난다고 주장해요. 시위가 격해지고 사상자가 늘어나자 대법원은 독립 유공자 후손의 공무원 할당 비율을 5%로 제시했고, 정부가 이를 받아들이며 시위는 소강상태로 접어드는 듯했어요. 그러나 이후 정부가 시위에 참여했던 사람들을 체포하는 등 강경하게 나오자 시위는 다시 일어났고, 결국 15년째 집권 중이던 셰이크 하시나 총리가 자리에서 물러났어요.

핵심 단어 찾기 빈칸에 들어갈 알맞은 단어를 찾아 ✓ 표 하세요.

- 몫을 갈라 나누거나 책임을 지우는 제도를 (　　)라고 해요.
- 방글라데시 정부가 (　　) 후손에게 특혜를 주는 공무원 할당제를 시행하려다 시민들의 반대 시위가 일어났어요.

☐ 할당제
☐ 자율제
☐ 스포츠 스타
☐ 독립 유공자

꼼꼼히 읽기 방글라데시의 반대 시위에 대한 설명으로 <u>틀린</u> 것을 고르세요. (　　)

① 독립 전쟁에 참전했던 군인 자녀에게 공직의 30%를 할당하는 정책에 반대해 일어났다.
② 시위대의 대부분은 현재 취업에 성공한 직장인들이다.
③ 청년들은 대학을 나와도 일자리가 없는 상황에서 독립 유공자 후손만 혜택을 누리는 건 옳지 않다고 주장했다.
④ 시위로 15년째 집권 중이던 셰이크 하시나 총리가 자리에서 물러났다.

어휘 익히기 다음 초성 힌트와 설명을 보고 해당하는 어휘를 적어 보세요.

- ㅎㅅ　　자신의 세대에서 여러 세대가 지난 뒤의 자녀를 통틀어 이르는 말.
- ㄱㅁㅇ　　국가 또는 지방 공공 단체의 사무를 맡아보는 사람.
- ㅊㅇㄴ　　일자리를 구하는 사람은 많고 일자리는 적기 때문에 일자리를 구하는 데 겪는 어려움.

생각 곱씹기 특정 대상에게 특혜를 주는 할당제에 대해 어떻게 생각하나요?

어휘 한눈에 보기

세계 기사에 등장한 한자어와 순우리말 어휘를 정리해 보아요. 한자처럼 보이지만 순우리말인 경우도 있고 순우리말처럼 보이는 말이 한자어인 경우도 있으니 꼼꼼하게 살펴보세요.

 세계 기사에서 눈여겨보면 좋을 **한자어**

다국적
多 많을 다
國 나라 국
籍 서적 적

여러 나라가 참여하거나 섞여 있음.

도피
逃 달아날 도
避 피할 피

도망하여 몸을 피함.

유망주
有 있을 유
望 바랄 망
株 그루 주

어떤 분야에서 발전될 가망이 많은 사람을 이르는 말.

조국
祖 할아비 조
國 나라 국

자기의 국적이 속해 있는 나라.

할애
割 나눌 할
愛 사랑 애

소중한 시간, 돈 등을 선뜻 내어줌.

평등
平 평평할 평
等 같을 등

차별 없이 고르고 한결같음.

점령
占 차지할 점
領 거느릴 령(영)

적국의 영토를 군사적 지배하에 둠.

가중
加 더할 가
重 무거울 중

부담이나 고통 등을 더 크게 하거나 심해지게 함.

왜곡
歪 비뚤 왜
曲 굽을 곡

사실과 다르게 해석하거나 그릇되게 함.

오류
誤 그릇할 오
謬 그릇될 류

그릇되어 이치에 맞지 않는 일.

잠재적
潛 자맥질할 잠
在 있을 재
的 과녁 적

겉으로 드러나지 않은 상태로 존재하는.

압박
壓 누를 압
迫 닥칠 박

기운을 못 펴게 세력으로 내리누름.

모금
募 모을 **모**
金 쇠 **금**

기부금이나 성금 등을 모음.

민심
民 백성 **민**
心 마음 **심**

백성의 마음.

공직
公 공변될 **공**
職 벼슬 **직**

국가 기관이나 공공 단체의 일을 맡아보는 직무.

강경
強 강할 **강**
硬 굳을 **경**

굳세게 버티어 굽히지 않음.

소강상태
小 작을 **소**
康 편안할 **강**
狀 형상 **상**
態 모양 **태**

소란이나 혼란 등이 그치고 조금 잠잠한 상태.

세계 기사에서 눈여겨보면 좋을 **순우리말**

- **골머리**   뇌를 뜻하는 머릿골을 속되게 이르는 말.
- **턱없이**   수준이나 분수에 맞지 않게.
- **꿈꾸다**   속으로 어떤 일이 이루어지기를 바라거나 뜻을 세우다.
- **막다**   어떤 일이나 행동을 못 하게 하다.
- **머무르다**   더 나아가지 못하고 일정한 수준이나 범위에 그치다.
- **일다**   없던 현상이 생기다.
- **몰아붙이다**   남을 어떤 상황이나 방향으로 세게 몰다.
- **대단하다**   아주 중요하다.
- **앞세우다**   남이 보란 듯이 자랑스럽게 드러내다.
- **한몫하다**   맡은 역할을 충분히 하다.
- **애먹다**   속이 상할 정도로 어려움을 겪다.
- **맞불**   불이 타고 있는 맞은편 방향에서 마주 놓는 불.

사회 문화

- 사도광산
- 분교
- 아샷추
- 오물 풍선
- 초고령 사회

③ 압구정 (현대백화점)

추모 공원, 우리 동네에 만드세요

> **미리보기사전**
> **추모 공원**
> 화장장이나 묘지에 녹지를 비롯한 문화 시설을 조성해 시민들이 휴식 공간으로 이용할 수 있게 만든 시설을 말해요.

우리나라의 고령화 속도가 빨라지고 있어요. 노인 인구가 늘면서 추모 공원을 새로 만들기 위한 움직임도 곳곳에서 일어나고 있어요.

새 추모 공원 부지 선정에 일곱 마을 지원

그동안 추모 공원은 혐오 시설로 인식되었어요. 화장장과 묘지 등이 있어 거주 지역에 추모 공원이 생기는 걸 꺼려하는 주민들이 많았기 때문이에요. 그런데 이러한 분위기가 조금씩 달라지고 있어요. 경상북도 포항시가 추모 공원 건립 부지 선정을 위해 주민 공모를 실시한 결과 일곱 마을이 지원한 거예요. 포항시는 새 추모 공원의 전체 부지 중 80%는 산책로와 문화공원, 전시관 등으로 이용하고 나머지 20%를 장례 시설로 이용할 계획이라고 밝혔어요.

경제적 도움 받지만 거부감도 적지 않아

추모 공원이 들어서면 해당 마을에 40억 원의 주민 지원 기금이 돌아가요. 또 화장 시설 사용료의 20%도 30년 동안 받아요. 뿐만 아니라 추모 공원으로 인해 일자리가 생기고, 조문객들이 이용하게 될 상업 시설도 들어설 것으로 예상돼요. 주민들에게 경제적 도움이 되는 거예요. 그럼에도 추모 공원 유치를 반대하는 주민들도 적지 않아요. 여전히 화장장과 묘지가 마을에 들어서는 것에 거부감을 느끼기 때문이에요.

핵심 단어 찾기 빈칸에 들어갈 알맞은 단어를 찾아 ✅ 표 하세요.

- 화장장이나 묘지에 녹지를 비롯한 문화 시설을 조성해 시민들이 휴식 공간으로 이용할 수 있게 만든 시설을 (　　)이라고 해요.
- (　　)가 늘어나면서 추모 공원을 새로 만들기 위한 움직임도 곳곳에서 일어나고 있어요.

☐ 체육 공원
☐ 추모 공원
☐ 노인 인구
☐ 청년 인구

꼼꼼히 읽기 추모 공원에 대한 설명으로 틀린 것을 고르세요. (　　)

① 그동안 추모 공원은 혐오 시설로 인식되었다.
② 포항시가 추모 공원 부지 선정을 위해 주민 공모를 실시한 결과 일곱 마을이 지원했다.
③ 포항시 새 추모 공원의 전체 부지 중 80%는 산책로와 문화공원, 전시관 등으로 이용한다.
④ 추모 공원으로 인해 지역 주민들이 얻게 될 경제적 이득은 거의 없다.

어휘 익히기 다음 초성 힌트와 설명을 보고 해당하는 어휘를 적어 보세요.

- ㅎ ㅈ ㅊ　　시체를 화장하는 시설을 갖추어 놓은 곳.
- ㄱ ㄹ ㅎ　　한 사회에서 노인의 인구 비율이 높은 상태로 나타나는 일.
- ㅎ ㅇ ㅅ ㅅ　　지역 주민에게 공포감이나 고통을 주고, 부정적인 효과를 유발한다고 인식되는 시설.

생각 곱씹기 우리 동네에 추모 공원이 들어서는 것에 대해 찬성, 반대 중 하나를 선택해 이유를 적어 보세요.

뛰어놀지 않아서 뚱뚱해졌어요

> **미리 보기 사전**
> **비만율**
> 한 사회 또는 특정 연령대에서 살이 쪄 몸이 뚱뚱한 사람들의 비율을 말해요.

2024년 6월 보건복지부가 '2023 아동종합 실태조사' 결과를 발표했어요. 그런데 그 내용이 충격적이었어요. 우리나라 아동 5명 중 1명이 과체중 또는 비만 상태인 거예요. 게다가 9~17세 아동의 비만율은 5년 전인 2018년에 비해 4배 이상 증가한 것으로 나타났어요.

종일 스마트폰만 보는 어린이들

5년 주기로 실시하는 아동종합 실태조사는 18세 미만 아동을 양육하는 전국의 5,000여 가구를 직접 방문해 실시해요. 이번 조사 결과에 따르면 아동의 과체중·비만 비율이 20%를 넘어섰어요. 이렇게 비만율이 올라간 것은 어린이들이 공부하느라 밖에서 뛰어놀지 못하고 쉴 때 주로 앉아서 스마트폰을 보기 때문이에요. 또한 수면 시간이 감소한 것도 비만율 증가에 영향을 미쳤어요. 비만은 지방간, 고지혈증 등의 질병을 일으키고, 우울증을 유발하며 자존감도 떨어뜨려요.

스트레스 요인은 숙제와 시험, 성적

조사 결과 아동의 정신건강은 전반적으로 개선됐지만, 정신건강 고위험군은 늘어난 것으로 드러났어요. 9~17세 아동을 대상으로 조사한 결과 2023년 기준 스트레스가 적거나 없는 아동은 43.2%로 2018년보다 늘어났지만 스트레스가 대단히 많은 9~17세 아동 역시 1.2%로 2018년 0.9%보다 늘었어요. 주요 스트레스 요인으로는 숙제와 시험(64.3%), 성적(34.0%), 대입 또는 취업에 대한 부담(29.9%), 부모님과 의견 충돌(29.7%) 등이 꼽혔어요.

핵심 단어 찾기 빈칸에 들어갈 알맞은 단어를 찾아 ☑ 표 하세요.

- 한 사회 또는 특정 연령대에서 살이 쪄 몸이 뚱뚱한 사람들의 비율을 (　　)이라고 해요.
  - ☐ 비만율
  - ☐ 출산율

- '2023 아동종합 실태조사' 결과 우리나라 아동 5명 중 (　　)명이 과체중 또는 비만 상태인 것으로 나타났어요.
  - ☐ 1
  - ☐ 2

꼼꼼히 읽기 '2023 아동종합 실태조사' 결과에 대한 설명으로 <u>틀린</u> 것을 고르세요. (　　)

① 아동종합 실태조사는 18세 미만 아동을 양육하는 전국의 5,000여 가구를 직접 방문해 실시한다.
② 아동의 과체중·비만 비율이 20%를 넘어섰다.
③ 비만율이 올라간 것은 어린이들이 공부하느라 밖에서 뛰어놀지 못하고 쉴 때 주로 앉아서 스마트폰을 보기 때문이다.
④ 수면 시간이 증가한 것도 비만율 증가에 영향을 미쳤다.

어휘 익히기 다음 초성 힌트와 설명을 보고 해당하는 어휘를 적어 보세요.

- ㄱ ㅊ ㅈ　　　기준이나 표준에 비하여 지나치게 많이 나가는 몸무게.

- ㅈ ㅂ ㄱ　　　간에 중성 지방이 비정상적으로 축적된 상태.

- ㅅ ㅌ ㄹ ㅅ　　적응하기 어려운 환경에 처할 때 느끼는 심리적·신체적 긴장 상태.

생각 곱씹기 정부는 아동 비만율을 떨어뜨리기 위해 어떤 정책을 펼쳐야 할까요?

_____

_____

_____

국내 인기 1위 관광지는 순천만

미리보기 사전

관광지
경치가 뛰어나거나 즐길거리가 있어 관광할 만한 곳을 뜻해요.

한국문화관광연구원이 2023년 우리나라 전국 2,752개 관광지의 입장객을 집계한 결과 순천만국가정원·순천만습지가 1위를 차지했어요. 한 해 동안 778만 명이 다녀갔다고 해요.

인기의 비결은 순천만 국제정원박람회

순천만국가정원·순천만습지는 2022년만 해도 한 해 입장객이 267만 명으로 9위에 그쳤어요. 하지만 1년 새 무려 510만 명이 늘어 1위에 올랐는데, 2023년 4~10월에 열린 순천만 국제정원박람회의 영향이 컸어요. 순천만은 우리나라 최대의 생태 관광지로, 강물을 따라 유입된 토사와 유기물이 퇴적되어 넓은 갯벌이 형성되었어요. 이곳의 갈대 군락지는 전국에서 가장 넓기로 유명하고 이곳에서 살아가는 생물의 종류만 500여 종에 달해요.

팬데믹이 끝나며 여행 떠난 사람 많아져

2022년 입장객 1위 관광지였던 경기 용인 에버랜드는 588만 명이 찾아 입장객 2위를 차지했어요. 3위는 경기 고양 킨텍스(584만 명), 4위는 서울 종로 경복궁(558만 명), 5위는 서울 잠실 롯데월드(519만 명)였어요. 상위 10개 관광지를 찾은 입장객 수는 4,735만 명으로 전년 대비 30%가량 늘었어요. 코로나19 팬데믹이 끝나면서 나들이하는 사람들이 많아졌기 때문이에요.

순천만국가정원

핵심 단어 찾기 빈칸에 들어갈 알맞은 단어를 찾아 ✓ 표 하세요.

- 경치가 뛰어나거나 즐길거리가 있어 관광할 만한 곳을 (　　)라고 해요.
- 전국 관광지의 입장객을 집계한 결과 (　　)국가정원·습지가 1위 관광지가 되었어요.

☐ 간척지
☐ 관광지
☐ 순천만
☐ 여수시

꼼꼼히 읽기 순천만국가정원·순천만습지에 대한 설명으로 <u>틀린</u> 것을 고르세요. (　　)

① 2022~2023년 연속으로 입장객 1위 관광지였다.
② 1위가 된 것은 2023년 4~10월에 열린 순천만 국제정원박람회의 영향이 컸다.
③ 강물을 따라 유입된 토사와 유기물이 퇴적되어 넓은 갯벌이 형성되어 있다.
④ 갈대 군락지에서 살아가는 생물의 종류도 500여 종이나 된다.

어휘 익히기 다음 초성 힌트와 설명을 보고 해당하는 어휘를 적어 보세요.

- ⓘⓙⓖ　장내로 들어간 손님.
- ⓣⓢ　흙과 모래를 아울러 이르는 말.
- ⓖⓡⓙ　같은 지역에서 떼를 지어 자라는 식물 집단이 서식하는 곳.

생각 곱씹기 우리나라에서 가 보고 싶은 관광지는 어디인가요? 이유와 함께 적어 보세요.

사도광산의 슬픈 역사를 밝히세요!

> **미리 보기 사전**
>
> **사도광산**
> 일본 니가타현 사도섬에 위치한 일본 최대의 금광을 말해요. 사도광산은 에도 시대 (1603~1867년) 일본의 최대 금 생산지였어요.

일본 니가타현에 위치한 사도광산이 2024년 7월 유네스코 세계유산으로 등재됐어요. 사도광산은 일제 강점기에 2천 명 이상의 조선인이 대규모 강제 동원된 현장이기도 해요.

일본 정부 약속 받고 등재 동의

일본 정부는 2018년부터 사도광산을 유네스코 세계유산으로 등재하려고 시도했어요. 하지만 우리나라가 반대했어요. 사도광산이 일제 강점기에 조선인이 강제로 동원되었던 곳인데, 일본이 강제성을 제대로 인정하지 않았기 때문이에요. 유네스코는 다른 회원국이 반대하면 해결될 때까지 심사를 무기한 중단하는 제도가 있어요. 2024년 우리 정부는 일본 정부로부터 '사도광산의 전체 역사(일제 강점기 포함)를 반영하고, 조선인 강제 노역 관련 전시물을 설치하겠다'는 약속을 받고 등재에 동의했어요.

조선인 동원의 강제성, 인정할 수 없다고?

그런데 유네스코 세계유산 등재가 이루어진 후 일본 정부는 가장 큰 쟁점이었던 조선인 동원의 강제성에 대해 인정하지 않고 있어요. 새 전시물 설치도 '모든 노동자의 가혹한 노동 환경을 설명하기 위해 설치했다'고 언급했어요. '모든 노동자'라는 말로 조선인 강제 동원의 역사를 슬쩍 덮어 버린 거예요. 그러자 일본이 강제 동원을 부인하는데도 등재에 동의해 준 우리 정부에 대해 비판의 목소리가 나오고 있어요.

핵심 단어 찾기 빈칸에 들어갈 알맞은 단어를 찾아 ☑ 표 하세요.

- (　　) 은 일본 니가타현 사도섬에 위치한 일본 최대의 금광이에요.

- 사도광산은 일제 강점기에 2천 명 이상의 조선인들이 대규모로 (　　) 된 현장이에요.

☐ 사도광산
☐ 도시광산
☐ 강제 동원
☐ 자율 참여

꼼꼼히 읽기 사도광산의 세계유산 등재에 대한 설명으로 <u>틀린</u> 것을 고르세요. (　　)

① 일본 니가타현에 위치한 사도광산은 2024년 7월 유네스코 세계유산으로 등재됐다.
② 그동안 우리나라는 사도광산의 유네스코 세계유산 등재를 반대해 왔다.
③ 사도광산은 일제 강점기에 조선인이 강제로 동원되었던 곳이다.
④ 유네스코 세계유산 등재 후 일본 정부는 조선인 동원의 강제성을 인정했다.

어휘 익히기 다음 초성 힌트와 설명을 보고 해당하는 어휘를 적어 보세요.

- ㄱㄱ　　　금을 캐내는 광산.

- ㄷㅈ　　　일정한 사항을 장부나 대장에 올림.

- ㄷㅇ　　　어떤 목적을 달성하고자 사람을 모으거나 물건, 수단, 방법을 집중함.

생각 곱씹기 조선인 강제 동원을 인정하지 않는 일본 정부에게 하고 싶은 말을 적어 보세요.

119

서울에 분교가 생긴다고?

미리보기사전

분교
본교와 떨어진 다른 지역에 따로 세운 학교를 말해요. 본교에서 행하는 교육의 일부 또는 전부를 담당해요.

2029년 서울에 최초의 분교가 문을 열어요. 분교는 학생 수가 적은 지방에만 있는 줄 알았는데 대도시인 서울에 분교가 생긴다니, 어떻게 된 일일까요?

서울 최초의 분교

2024년 6월 서울시교육청은 강솔초등학교 강현 캠퍼스(분교) 신설을 확정했다고 발표했어요. 분교가 들어설 서울특별시 강동구 고덕강일3지구는 2021년부터 약 3,790가구가 입주하면서 초등 학령인구가 크게 늘었어요. 초등학교가 새로 들어설 부지까지 확보했는데 초등학교 신설 조건(36학급)에는 부족해 학교 설립을 확정하지는 못했어요. 현재 이곳에 사는 초등학생들은 걸어서 30분 거리인 강솔초등학교까지 통학하고 있어요.

도시형 캠퍼스의 시작

그러자 지역 주민들은 분교라도 지어 달라고 요청했어요. 지역 주민을 대상으로 한 설문 조사에서도 응답자의 97.9%가 분교 신설에 찬성했어요. 서울시교육청은 그동안 검토하던 도시형 캠퍼스(분교) 제도의 첫 사례로 강현 캠퍼스를 세우기로 확정했어요. 도시형 캠퍼스는 학령인구가 많아 학교가 필요하지만, 초등학교를 짓는 데 필요한 학생 수에는 못 미치는 지역에 설립해요. 강현 캠퍼스는 2029년 3월 24개 학급으로 개교하는 걸 목표로 삼았어요.

핵심 단어 찾기 빈칸에 들어갈 알맞은 단어를 찾아 ✓ 표 하세요.

- 본교와 떨어진 다른 지역에 세운 학교를 (　) 라고 해요.

☐ 폐교
☐ 분교

- 강솔초등학교 강현 캠퍼스는 (　) 최초의 분교예요.

☐ 서울시
☐ 경기도

꼼꼼히 읽기 서울시의 최초 분교에 대한 설명으로 <u>틀린</u> 것을 고르세요. (　)

① 강솔초등학교 강현 캠퍼스는 서울시 강동구에 개교 예정이다.
② 강현 캠퍼스가 들어설 고덕강일3지구는 2021년부터 약 3,790가구가 입주하면서 초등 학령인구가 크게 늘었다.
③ 이 지역 초등학생들은 걸어서 30분 거리인 강솔초등학교까지 통학하고 있다.
④ 지역 주민을 대상으로 한 설문조사에서는 응답자의 대부분이 분교 신설에 반대했다.

어휘 익히기 다음 초성 힌트와 설명을 보고 해당하는 어휘를 적어 보세요.

- ㅎㄹㅇㄱ　　정해진 교육 과정을 이수하거나 특정 교육 기관에 다닐 수 있는 연령에 해당하는 총인원수. (6~21세)

- ㅂㅈ　　건물을 세우거나 도로를 만들기 위하여 마련한 땅.

- ㅌㅎ　　집에서 학교까지 다님.

생각 곱씹기 강현 캠퍼스가 개교하면 지역에 어떤 변화가 찾아올까요?

_____
_____
_____

121

고령층에게 멀기만 한 키오스크

> **미리보기사전**
>
> **키오스크(Kiosk)**
> 공공장소에 설치된 무인 정보 단말기를 말해요. 터치스크린 방식을 사용하며 식당, 은행, 백화점, 전시장 등에 설치되어 있어요.

음식 주문부터 서류 발급, 티켓 예매까지 키오스크는 사회 전반에서 사용되고 있어요. 키오스크와 같은 디지털 기기는 어떤 이에게는 편리할 수 있지만 어떤 이에게는 미로 찾기처럼 어려울 수 있어요.

고령층과 장애인은 키오스크 사용 어려워

서울디지털재단이 19세 이상 서울시민 5,500명을 대상으로 조사한 '2023 서울시민디지털역량조사' 결과를 보면 응답자 10명 중 8명이 키오스크를 이용한 경험이 있다고 해요. 2021년 조사 결과보다 4.8%포인트 상승했어요. 55세 이상 고령층은 57.1%가 키오스크를 이용한 경험이 있으나 이 가운데 59.6%는 사용에 어려움을 겪었다고 답했어요. 뒤에서 기다리는 사람 눈치가 보이고, 선택사항 적용이 어려우며, 용어의 어려움을 이유로 들었어요.

점점 커지는 디지털 격차

장애인은 58.9%가 키오스크를 이용한 경험이 있으나 이 가운데 60.9%가 사용에 어려움을 겪었다고 답했어요. 특히 사용 중 도움을 요청할 방법이 없는 것을 1순위로 꼽았는데요. 휠체어 장애인에게 키오스크 높이가 맞지 않고, 시각장애인을 위한 서비스도 부족했다고 답했어요. 디지털 기기를 제대로 사용하지 못해 어려움을 겪는 사람을 '디지털 약자'라고 해요. 기술이 발달하면서 디지털 기기를 제대로 사용하는 사람과 그렇지 않은 사람 사이의 디지털 격차는 점점 커지고 있어요.

핵심 단어 찾기 빈칸에 들어갈 알맞은 단어를 찾아 ✅ 표 하세요.

- 터치스크린 방식의 무인 정보 단말기를 말하는 (　　)는 식당, 은행, 백화점, 전시장 등에 설치되어 있어요.
  - ☐ 키오스크
  - ☐ 아이패드
- 디지털 기기를 제대로 사용하지 못해 어려움을 겪는 사람을 (　　)라고 해요.
  - ☐ 디지털 약자
  - ☐ 교통 약자

꼼꼼히 읽기 디지털 약자에 대한 설명으로 틀린 것을 고르세요. (　　)

① 키오스크를 이용한 경험이 있는 고령층 가운데 59.6%는 사용에 어려움을 겪었다고 답했다.
② 기다리는 사람 눈치가 보이고, 선택사항 적용이 어려운 것 등이 고령층의 키오스크 사용을 어렵게 했다.
③ 키오스크를 이용한 경험이 있는 장애인 가운데 60.9%는 사용이 쉬웠다고 답했다.
④ 기술이 발달하며 디지털 기기를 제대로 사용하는 사람과 그렇지 않은 사람 사이의 디지털 격차는 커지고 있다.

어휘 익히기 다음 초성 힌트와 설명을 보고 해당하는 어휘를 적어 보세요.

- ㄱㄱㅈㅅ　　　사회의 여러 사람 또는 여러 단체에 공동으로 속하거나 이용되는 곳.
- ㄱㄹㅊ　　　사회 구성원 가운데 썩 나이가 많은 사람들을 통틀어 이르는 말.
- ㄱㅊ　　　빈부, 임금, 기술 수준 등이 서로 벌어져 다른 정도.

생각 곱씹기 디지털 약자를 위해 정부와 지방 자치 단체가 해야 할 일은 무엇일까요?

보이스 피싱에 속지 마세요!

> **미리보기사전**
> **보이스 피싱(Voice Phishing)**
> 주로 금융 기관이나 국가 기관, 전자 상거래 업체를 사칭하여 불법적으로 개인의 금융 정보를 빼내 범죄에 사용하는 행위를 말해요.

2024년 상반기(1~6월) 보이스 피싱 피해액이 3,242억 원에 달하는 것으로 나타났어요. 정부합동수사단은 발전하는 보이스 피싱 범죄에 대응하기 위해 활동 기간을 연장하기로 했어요.

보이스 피싱 범죄 다시 늘어나

2022년 7월 정부합동수사단이 출범한 뒤로 2023년까지 보이스 피싱 피해 금액은 계속 줄어들었어요. 2021년 7,744억 원이었던 피해 금액은 2022년 5,438억, 2023년 4,472억 원으로 줄었고, 발생 건수도 2021년 3만 982건에서 2023년 1만 8,902건으로 줄었어요. 그런데 2024년 상반기에 피해 금액이 3,242억 원으로 다시 늘었어요. 이런 추세면 2024년 연말에는 2023년보다 50%나 늘어날 것으로 보여요.

진화한 보이스 피싱 수법

최근 보이스 피싱 범죄는 다양하게 변화하고 있어요. 문자메시지에 포함된 링크를 누르면 악성 앱을 유포하는 스미싱, SNS를 이용해 이성에게 접근해 친분을 쌓은 뒤 돈을 요구하는 로맨스 스캠, 주식·코인 투자 리딩방으로 유인해 사기를 치는 등 수법이 다양해요. 보이스 피싱을 피하기 위해서는 모르는 사람에게 온 문자메시지는 삭제하고, SNS를 통해 모르는 사람이 말을 걸 때는 반응하지 않는 것이 좋아요.

핵심 단어 찾기 빈칸에 들어갈 알맞은 단어를 찾아 ✓ 표 하세요.

- 금융 기관이나 국가 기관, 전자 상거래 업체를 사칭하여 불법적으로 개인의 금융 정보를 빼내 범죄에 사용하는 행위를 (　　)이라고 해요.
- 보이스 피싱을 피하기 위해서는 (　　)에게 온 문자메시지는 삭제하고, SNS를 통해 (　　)이 말을 걸 때는 반응하지 않는 것이 좋아요.

☐ 스포츠 피싱
☐ 보이스 피싱
☐ 아는 사람
☐ 모르는 사람

꼼꼼히 읽기 보이스 피싱에 대한 설명으로 틀린 것을 고르세요. (　　)

① 2024년 상반기 보이스 피싱 피해액이 3,242억 원에 달하는 것으로 나타났다.
② 정부합동수사단이 출범한 뒤 2023년까지 보이스 피싱 피해 금액은 계속 줄었다.
③ 문자메시지에 포함된 링크를 누르면 악성 앱을 유포하는 것을 스미싱이라고 한다.
④ 보이스 피싱을 피하기 위해 모르는 사람에게 온 문자메시지는 링크를 눌러 확인해야 한다.

어휘 익히기 다음 초성 힌트와 설명을 보고 해당하는 어휘를 적어 보세요.

- ㅊㅂ　　단체가 새로 조직되어 일을 시작함을 비유적으로 이르는 말.
- ㅇㅅ　　성이 다른 것. 남성 쪽에선 여성을, 여성 쪽에선 남성을 가리킨다.
- ㅇㅇ　　주의나 흥미를 일으켜 꾀어냄.

생각 곱씹기 보이스 피싱에 넘어가지 않도록 경각심을 주는 표어를 만들어 보세요.

우리 강아지를 복제해 주세요

미리보기 사전

복제
본디의 것과 똑같은 것을 만들거나 그렇게 만든 것을 말해요.

2024년 초 한 유튜버가 죽은 반려견을 복제한 강아지 두 마리를 공개했어요. 그러면서 동물 복제에 대한 논란이 일었어요. 반려동물을 떠나보낸 뒤 겪게 되는 상실감을 이겨낼 수 있다는 찬성 의견과 동물 복제가 생명 윤리에 어긋난다는 반대 의견이 팽팽히 맞서고 있어요.

반려동물 복제는 동물 학대

복제 강아지가 공개된 뒤 동물 보호 단체인 동물자유연대는 복제를 실제로 해 준 업체를 경찰에 고발했어요. 이 업체가 동물 생산·판매업 등록을 하지 않은 미허가 업체로, 동물보호법을 지키지 않았다는 게 고발 이유였어요. 2024년 6월 경찰은 이 업체에 대해 무혐의 처분을 내렸어요. 법적으로 처벌한 근거가 없다는 이유예요. 그러자 동물자유연대는 "반려동물의 복제는 난자 채취, 강제 임신 등의 동물 학대 행위라며, 관련 법을 만들어야 한다."고 주장했어요.

반려동물 복제를 법으로 금지해야 할까?

반려동물 인구는 계속 늘고 있어요. 반려동물 산업도 2023년 8월 기준 시장 규모가 8조 원에 이를 정도로 커졌고요. 특히 반려동물의 노화를 막고 질병을 치료하는 사업은 돈을 버는 사업이 됐고, 이제는 반려동물을 복제하는 기술까지 큰 관심을 받고 있어요. 한편 2024년 6월 동물자유연대가 실시한 여론 조사 결과 응답자의 81.9%가 '상업적 목적의 반려동물 복제를 법으로 금지할 필요가 있다'는 의견에 동의했어요.

핵심 단어 찾기 빈칸에 들어갈 알맞은 단어를 찾아 ✅ 표 하세요.

- 본디의 것과 똑같은 것을 만들거나 그렇게 만든 것을 (　　) 라고 해요.

☐ 복지
☐ 복제

- (　　) 복제를 놓고 찬반 의견이 맞서고 있어요.

☐ 반려동물
☐ 야생동물

꼼꼼히 읽기 반려동물 복제에 대한 설명으로 틀린 것을 고르세요. (　　)

① 동물자유연대는 복제를 해 준 업체가 미허가 업체이며, 동물보호법을 지키지 않았다는 이유로 경찰에 고발했다.
② 2024년 6월 경찰은 이 업체를 법적으로 처벌할 근거가 없다며 무혐의 처분을 내렸다.
③ 반려동물을 키우는 인구는 이미 정점에 이르렀고 이제는 조금씩 줄고 있다.
④ 여론 조사 결과 응답자의 81.9%가 '상업적 목적의 반려동물 복제를 법으로 금지할 필요가 있다'는 의견에 동의했다.

어휘 익히기 다음 초성 힌트와 설명을 보고 해당하는 어휘를 적어 보세요.

- ⓢⓢⓖ　　무엇인가를 잃어버린 후의 느낌이나 감정 상태.

- ⓗⓓ　　몹시 괴롭히거나 가혹하게 대우함.

- ⓝⓗ　　시간의 흐름에 따라 생체 구조와 기능이 쇠퇴하는 현상.

생각 곱씹기 반려동물 복제에 대해 찬성, 반대 중 하나를 택해 이유와 함께 적어 보세요.

_____

_____

_____

폐기물 묻을 매립지를 찾습니다

> **미리보기사전**
>
> **폐기물 매립지**
> 못 쓰게 되어 버린 물건을 땅 속에 묻는 곳을 말해요. 수도권 주민 2,600만 명이 버리는 폐기물은 인천 서구에 있는 수도권 매립지에 묻어요.

수도권 매립지는 1992년 인천시 서구에 조성되었어요. 전체 면적은 1,685만㎡인데요. 하루 평균 매립량 3,300톤을 고려하면 앞으로 6~7년 뒤에는 이 매립지를 사용할 수 없게 돼요.

세계 최대 매립지

인천 서구에 위치한 수도권 매립지는 바다를 메운 간척지 위에 만들어졌어요. 면적은 축구장 2,300개를 합친 넓이로, 단일 매립지로는 세계 최대 규모이기도 해요. 매립량은 해마다 조금씩 줄고 있어요. 2019년 288만 톤에서 2023년 79만 톤으로 4년 사이에 72.6%나 줄어들었어요. 그동안 폐기물 재활용이 늘었고, 2022년부터 대형 건설 폐기물의 매립을 금지했기 때문이에요.

매립지 구하기가 하늘에 별 따기

그럼에도 수년 뒤에는 수도권에서 나오는 폐기물을 묻을 새로운 매립지가 필요해요. 그래서 환경부와 서울시, 인천시, 경기도는 새로운 매립지를 찾고 있어요. 1~3차 매립지 공모에서는 신청한 지자체가 없었어요. 마지막 3차 공모에서는 지역 주민에게 지원하는 주민 지원 기금 외에 지자체에 주는 특별 지원금도 3,000억 원으로 늘렸지만 효과는 없었어요. 매립지는 혐오 시설이라는 인식 때문에 나서는 지자체가 없는 거예요. 시민 단체들은 지자체가 나서지 않으면 정부가 앞장서서 매립지를 찾아야 한다고 주장해요.

핵심 단어 찾기 빈칸에 들어갈 알맞은 단어를 찾아 ✓ 표 하세요.

- 못 쓰게 되어 버린 물건을 땅 속에 묻는 곳을 (　　)라고 해요.

  ☐ 폐기물 매립지
  ☐ 간척지

- 수도권에서 나오는 폐기물을 묻을 새로운 매립지가 필요하지만 (　　)이라는 인식 때문에 나서는 지자체가 없어요.

  ☐ 혐오 시설
  ☐ 상업 시설

꼼꼼히 읽기 수도권의 폐기물 매립지에 대한 설명으로 <u>틀린</u> 것을 고르세요. (　　)

① 수도권 주민이 버리는 폐기물은 인천 서구에 있는 수도권 매립지에 묻고 있다.
② 인천 서구의 수도권 매립지는 바다를 메운 간척지 위에 만들어졌다.
③ 수도권 매립지의 매립량은 조금씩 늘어나고 있다.
④ 환경부와 서울시, 인천시, 경기도는 새로운 매립지를 찾고 있다.

어휘 익히기 다음 초성 힌트와 설명을 보고 해당하는 어휘를 적어 보세요.

- ㄱㅊㅈ　　　바다나 호수를 둘러막고 물을 빼내어 만든 땅.

- ㅈㅈㅊ　　　지방 자치 단체의 줄임말.

- ㄱㅁ　　　일반에게 널리 공개하여 모집함.

생각 곱씹기 여러분이 정부의 담당자라면 어떤 방법으로 폐기물 매립지를 정할지 적어 보세요.

129

은퇴 후에도 시골 안 가요

> **미리보기 사전**
>
> **귀농·귀어·귀촌**
> 귀농은 농업인이 되기 위해 농촌으로, 귀어는 어업인이 되기 위해 어촌으로 이주하는 것을 말해요. 귀촌은 거주 목적으로 읍·면으로 이주하는 것을 말해요.

도시를 떠나 농·어촌으로 향하는 사람들이 2년 연속 줄었어요. 도시에서 은퇴하면 시골 가서 산다는 것도 이젠 옛말이에요.

2년 연속 귀농·귀촌·귀어 가구 감소

2024년 6월 정부가 발표한 '2023년 귀농어·귀촌인 통계'에 따르면 2023년 귀농 가구는 1만 307가구, 귀촌 가구는 30만 6,441가구, 귀어 가구는 716가구로 나타났어요. 2022년에 비해 귀농 가구와 귀촌 가구는 각각 17.0%, 3.9% 줄었고 귀어 가구는 24.7% 줄었어요. 2021년에는 코로나19의 영향으로 소상공인이 어려워져 귀농·귀촌·귀어 가구 수가 늘어났으나 2022년부터는 2년 연속 줄어든 거예요.

일자리 때문에 도시에 계속 거주하는 60대

2023년에 농·어촌으로 떠난 사람이 줄어든 것은 60대의 고용률이 올라갔기 때문이에요. 그동안 60대는 은퇴 후 도시를 떠나 농촌과 어촌으로 이주하는 경우가 많았어요. 그런데 정부 공공 일자리 등으로 60대가 도시에서 계속 일할 수 있게 되면서 농촌과 어촌으로 이주하는 사람들이 줄었어요. 가뜩이나 농촌의 인구가 줄고 고령화되고 있는데 귀농·귀어·귀촌 가구마저 줄면서 지방 소멸 현상은 더 빨라질 전망이에요.

핵심 단어 찾기 빈칸에 들어갈 알맞은 단어를 찾아 ✓ 표 하세요.

- 농업인이 되기 위해 농촌으로 이주하는 것을 (　　)이라 하고, 어업인이 되기 위해 어촌으로 이주하는 것을 (　　)라고 해요.

- (　　)은 거주하기 위해 읍·면 지역으로 이주하는 것을 말해요.

☐ 귀농 / 귀어
☐ 귀국 / 귀환
☐ 귀촌
☐ 귀신

꼼꼼히 읽기 귀농·귀어·귀촌에 대한 설명으로 <u>틀린</u> 것을 고르세요. (　　)

① 도시를 떠나 농촌·어촌으로 향하는 사람들이 2년 연속 줄었다.
② 2021년에는 농가 소득이 늘어나며 귀농 가구 수가 늘어났다.
③ 2023년에 농촌·어촌으로 떠난 사람이 줄어든 것은 60대의 고용률이 올라갔기 때문이다.
④ 귀농·귀어·귀촌 가구가 줄면서 지방 소멸 현상은 더 빨라질 것이다.

어휘 익히기 다음 초성 힌트와 설명을 보고 해당하는 어휘를 적어 보세요.

- ㅇㅌ　　　　직임에서 물러나거나 사회 활동에서 손을 떼고 한가히 지냄.

- ㅅㅅㄱㅇ　　상시 근로자 수가 5인 이하인 사업자.

- ㅇㅈ　　　　본래 살던 집에서 다른 집으로 거처를 옮김.

생각 곱씹기 농촌과 어촌에 사람들이 이주해 살게 하려면 어떤 정책이 필요할까요?

_____
_____
_____

청년들의 이유 있는 결혼 거부

> **미리보기 사전**
>
> **청년**
> 신체·정신적으로 한창 성장하거나 무르익은 시기의 사람을 말해요. 우리나라에서 청년 세대는 만 19~34세를 뜻해요.

우리나라 청년들이 갈수록 결혼을 안 하거나, 늦은 나이에 결혼하는 추세예요. 2024년 6월 통계청이 발표한 '우리나라 청년의 모습은 어떻게 변했을까' 분석 결과도 이런 분위기를 보여 주고 있어요.

미혼 청년 비율, 20년 만에 세 배 증가

청년 세대의 혼인율이 계속 감소하고 있어요. 2020년 기준 청년 세대의 81.5%가 미혼인 것으로 나타났어요. 다섯 명 중 네 명이 결혼하지 않은 거예요. 특히 전보다 미혼율이 크게 증가한 30~34세는 56.3%가 결혼하지 않은 것으로 드러났어요. 이러한 결과는 지금의 청년 세대가 과거보다 결혼에 얽매이지 않음을 보여 줘요. 결혼보다 자아실현이 더 중요하다고 생각하는 거예요. 또 혼수 비용이나 집 마련 등 거액의 결혼 자금이 필요한 것도 청년 세대에게는 큰 부담이에요.

청년 중 55.3%가 부모와 함께 살아

부모와 함께 사는 청년도 늘었어요. 2000년에는 19~34세 청년의 46.2%가 부모와 함께 살았다면 2020년에는 55.3%의 청년이 부모와 함께 살고 있어요. 집값이 크게 올라 집 장만하는 것이 어려워지면서 독립을 포기하고 부모와 함께 사는 것을 선택한 청년 세대가 늘어났기 때문이에요.

핵심 단어 찾기 빈칸에 들어갈 알맞은 단어를 찾아 ☑ 표 하세요.

- 신체적·정신적으로 한창 성장하거나 무르익은 시기에 있는 사람을 (　) 이라고 해요.

  ☐ 청년
  ☐ 소년

- 우리나라 청년 세대의 (　)이 계속 감소하고 있어요.

  ☐ 혼인율
  ☐ 진학률

꼼꼼히 읽기 우리나라 청년 세대에 대한 설명으로 틀린 것을 고르세요. (　)

① 2020년 기준 청년 세대의 81.5%가 미혼인 것으로 나타났다.
② 전보다 미혼율이 크게 증가한 연령대는 20~24세였다.
③ 지금의 청년 세대는 결혼보다 나의 자아실현이 더 중요하다고 생각한다.
④ 2020년에는 청년 세대의 절반 이상이 부모와 함께 살고 있다.

어휘 익히기 다음 초성 힌트와 설명을 보고 해당하는 어휘를 적어 보세요.

- ㅎㅇㅇ　　전체 인구에서 결혼을 한 사람의 비율.

- ㅁㅎㅇ　　전체 인구에서 결혼을 하지 않은 사람의 비율.

- ㅈㅁ　　필요한 것을 사거나 만들거나 하여 갖춤.

생각 곱씹기 청년 세대의 혼인율이 감소하면 우리 사회에 어떤 일이 일어날까요?

_____

_____

_____

머지않아 부산이 사라진다?

> **미리보기사전**
> **소멸위험지수**
> 20~39세 여성 인구수를 65세 이상 인구수로 나눈 지수예요. 소멸위험지수가 0.5 미만이면 소멸위험지역으로 분류해요.

부산광역시가 광역시 가운데 처음으로 소멸위험지역으로 분류되었어요. 초고령화와 저출생으로 인해 미래에 소멸할 위험이 높다는 의미예요.

부산에 켜진 빨간불

한국고용정보원 이상호 연구위원이 발표한 논문에 의하면 2024년 3월 기준 부산광역시의 소멸위험지수는 0.490인 것으로 나타났어요. 부산은 65세 인구가 23%에 달해 이미 초고령 사회로 진입했는데요. 20~39세 여성 인구가 전체 인구의 11.3%에 불과하니 소멸위험지수가 높게 나온 거예요. 부산은 고령화는 심해지지만 청년 인구는 수도권으로 유출되고 출산율마저 줄어 인구가 계속 감소하고 있어요.

소멸위험지수가 가장 높은 곳은 전남

전국 광역자치단체 중에는 부산, 충북·충남, 경북·경남, 전북·전남, 강원 등 8곳이 소멸위험지수 0.5 미만으로 소멸위험지역으로 분류됐어요. 특히 전남은 소멸위험지수 0.329로 소멸 위험이 가장 높게 나타났어요. 소멸 위험이 높은 지역은 인구 유출이 빨라져 소멸 위험이 더 높아지는 악순환을 겪어요. 반면 세종특별자치시(1.113)와 서울특별시(0.810)는 소멸위험지수가 상대적으로 양호하게 나타났어요.

핵심 단어 찾기 빈칸에 들어갈 알맞은 단어를 찾아 ✓ 표 하세요.

- (　　)는 20~39세 여성 인구수를 65세 이상 인구수로 나눈 지수예요. 0.5 미만이면 소멸위험지역으로 분류해요.
  - ☐ 소멸위험지수
  - ☐ 산불위험지수

- (　　)가 광역시 가운데 처음으로 소멸위험지역으로 분류되었어요.
  - ☐ 부산광역시
  - ☐ 울산광역시

꼼꼼히 읽기 소멸위험지수에 대한 설명으로 <u>틀린</u> 것을 고르세요. (　　)

① 소멸위험지역은 미래에 소멸할 위험이 높다는 뜻이다.
② 부산은 65세 인구가 23%에 달해 이미 초고령 사회로 진입했다.
③ 부산은 수도권으로부터 인구가 유입되어 인구가 늘고 있다.
④ 세종특별자치시와 서울특별시는 소멸위험지수가 상대적으로 양호하다.

어휘 익히기 다음 초성 힌트와 설명을 보고 해당하는 어휘를 적어 보세요.

- ㄱㅇㅅ　　1995년 1월에 '직할시'를 고친 것으로 현재의 광주·대구·대전·부산·울산·인천이 이에 해당한다.

- ㅊㄱㄹㅎ　　전체 인구 중에서 65세 이상의 노인 인구가 20% 이상을 차지하게 됨.

- ㅇㅊ　　밖으로 흘러 나가거나 흘려 내보냄.

생각 곱씹기 소멸위험지역이 된 지방 자치 단체는 소멸 위험을 해결하기 위해 어떤 정책을 펼치면 좋을까요?

MZ 세대가 사랑한 아샷추

미리보기사전

아샷추
아이스티에 에스프레소 샷을 추가한 음료예요. 2018년쯤 SNS를 중심으로 인기를 끌더니 이제는 여름철 대표 음료가 되었어요.

'아이스티에 샷 추가'를 줄인 말 '아샷추'는 달콤한 아이스티에 쌉쌀한 커피를 추가한 음료를 말해요. MZ 세대를 중심으로 인기를 끌더니 이제는 중장년 세대도 즐겨 찾는 음료가 되었어요.

취향을 담은 '커스터마이징' 음료

아샷추는 아이스티의 달콤한 맛은 살리고 커피의 각성 효과까지 더해서 '달콤한 아이스커피'를 찾는 사람들에게 인기예요. 원래 아샷추는 특정 커피 브랜드나 카페에서 출시한 상품이 아니었어요. 손님이 주문할 때 자신이 원하는 음료를 따로 주문한 데서 비롯되었어요. 이렇게 손님이 원하는 대로 제품을 만들어 주는 서비스를 커스터마이징(Customizing)이라고 해요.

나만의 스타일을 원하는 MZ 특성 반영

남들과 다른 나만의 스타일을 원하는 MZ 세대의 특성이 그대로 반영된 아이템이 바로 아샷추예요. 원래 대형 프랜차이즈 카페에는 아샷추 메뉴가 없었고, 동네 카페에서만 판매했었어요. 그러다 2021년 4월 빽다방이 먼저 아샷추를 선보였고, 이어서 대형 프랜차이즈 카페들도 아샷추를 메뉴로 내놓았어요. 빽다방에서는 2022년부터 2024년까지 아샷추가 판매량 2위 자리를 차지했어요. 이밖에 잘 알려진 커스터마이징 음료로는 아이스티에 망고 토핑을 올린 '아망추', 갈아 만든 배에 샷을 추가한 '배샷추' 등이 있어요.

핵심 단어 찾기 빈칸에 들어갈 알맞은 단어를 찾아 ✓ 표 하세요.

- 아이스티에 에스프레소 샷을 추가한 음료를 (　　)라고 해요.
- 손님이 원하는 대로 제품을 만들어 주는 맞춤 제작 서비스를 (　　) 이라고 해요.

☐ 아메리카노
☐ 아샷추
☐ 오픈 마켓
☐ 커스터마이징

꼼꼼히 읽기 아샷추에 대한 설명으로 틀린 것을 고르세요. (　　)

① 달콤한 아이스티에 씁쓸한 커피를 추가한 음료를 가리키는 말이다.
② 손님이 주문할 때 자신이 원하는 음료를 따로 주문한 데서 비롯되었다.
③ 원래 대형 프랜차이즈 카페에는 아샷추 메뉴가 따로 없었다.
④ 남들과 다른 나만의 스타일을 원하는 중장년 세대의 특성이 그대로 반영된 아이템이다.

어휘 익히기 다음 초성 힌트와 설명을 보고 해당하는 어휘를 적어 보세요.

- ㅋㅍ　　커피 가루를 물에 타서 마시는 차.
- ㄱㅅ　　깨어 정신을 차림.
- ㅂㅇ　　다른 것에 영향을 받아 어떤 현상이 나타남.

생각 곱씹기 사람들이 커스터마이징 서비스를 원하는 이유는 무엇일까요?

_____
_____
_____

미국 미술관에 박수근의 위작 등장

미리보기 사전

위작
다른 사람의 작품을 흉내 내어 비슷하게 만드는 일 또는 그렇게 만든 작품을 말해요.

2024년 2~6월까지 미국 서부 지역 최대 공립 미술관인 라크마(LACMA)에서 '한국의 보물들'이라는 전시가 열렸어요. 여기에는 우리나라의 대표 작가인 박수근과 이중섭의 작품도 전시되었는데요. 전시가 끝날 무렵 이 작품들이 위작임이 밝혀졌어요.

한국 미술 전문가들이 위작 밝혀내

이 전시는 지난 2021년 한국계 미국인 체스터 장과 그의 아들 캐머런 장으로부터 기증받은 작품 100점 중의 35점을 골라 열린 전시였어요. 그런데 이곳에 전시된 박수근과 이중섭의 작품이 가짜, 즉 위작이라는 의혹이 일었어요. 그러자 라크마는 작품의 진위를 가려달라고 우리나라 미술 전문가 4명을 초청했어요. 작품을 꼼꼼히 살펴본 전문가들은 박수근과 이중섭의 작품 각 2점에 대해 위작이라는 의견을 냈어요.

인기 많은 작품일수록 위작 거래 많아

이중섭의 〈기어오르는 아이들〉은 1950년대 이중섭의 원작을 바탕으로 만들어진 복제본이라는 의견이 나왔어요. 박수근의 〈세 명의 여성과 어린이〉도 위작임이 밝혀졌어요. 넉 달 동안 전시를 열었던 라크마는 뒤늦게 "전시 도록 발행을 취소하겠다."고 밝혔어요. 미술 시장에서 작가의 인기가 높을수록 위작 거래도 활발해요. 50년 넘은 미술 작품은 해외 반출에 제약이 없도록 법이 개정되어 앞으로 해외에서 위작 전시 논란은 더 잦아질 수 있어요.

핵심 단어 찾기 빈칸에 들어갈 알맞은 단어를 찾아 ✓ 표 하세요.

- 다른 사람의 작품을 흉내 내어 비슷하게 만드는 일 또는 그렇게 만든 작품을 (　　)이라고 해요.
  - ☐ 명작
  - ☐ 위작
- 미국 서부 지역 최대 공립 미술관 (　　)는 작품의 진위 여부를 가려달라고 우리나라 미술 전문가 4명을 초청했어요.
  - ☐ 라크마
  - ☐ 모마

꼼꼼히 읽기 라크마의 '한국의 보물들' 전시에 대한 설명으로 <u>틀린</u> 것을 고르세요. (　　)

① 한국계 미국인으로부터 기증받은 작품 100점 중의 35점을 골라 전시를 열었다.
② 이 전시에는 우리나라의 대표 작가인 박수근과 이중섭의 작품도 전시되었다.
③ 라크마는 작품의 진위를 가리기 위해 현지 미술 전문가들을 초청했다.
④ 라크마는 뒤늦게 전시 도록 발행을 취소했다.

어휘 익히기 다음 초성 힌트와 설명을 보고 해당하는 어휘를 적어 보세요.

- ㄱㄹ　　　지방 자치 단체가 세워서 운영함. 또는 그런 시설.
- ㅈㅇ　　　참과 거짓 또는 진짜와 가짜를 통틀어 이르는 말.
- ㄷㄹ　　　내용을 그림이나 사진으로 엮은 목록.

생각 곱씹기 위작의 거래와 전시를 막으려면 어떤 방안을 마련해야 할까요?

_____
_____
_____

경북 고령군의 위상이 높아졌어요!

미리보기 사전

고도
사전적으로는 옛 도읍을 뜻해요. 여기서는 옛 정치·문화의 중심지로 역사상 중요한 의미를 지닌 지역을 말해요.

지난 2004년 '고도 보존에 관한 특별법'이 제정되면서 경주·부여·공주·익산 등 네 곳이 고도로 지정된 바 있어요. 그런데 20년이 지난 2024년에 다섯 번째 고도가 지정되었어요. 그곳은 어디일까요?

대가야의 유적이 가득한 고령군

2024년 7월 국가유산청은 경상북도 고령군을 새로운 고도로 지정하기로 의결했어요. 고령군은 5~6세기 대가야의 흔적이 고스란히 남아 있는 곳이에요. 대가야의 궁궐이 있었으리라 추정되는 궁성 터를 비롯해 왕궁을 방어하던 산성, 토기 가마 흔적 등이 확인되었어요. 특히 수백 기의 무덤이 모여 있는 고령 지산동 고분군은 대가야의 위상을 보여 주는 대표적인 유적으로, 그 가치를 인정받아 유네스코 세계유산에 등재됐어요.

가야의 독창적 가치 지녀

1978년 고령 지산동 32호 무덤에서 출토된 금동관은 현재 보물로 지정되었어요. 5~6세기 대가야의 뛰어난 공예 수준을 보여 주는 유물이지요. 이번에 고도로 지정된 고령군은 주거 환경과 가로 경관을 개선하는 사업을 지원받을 수 있고, 주요 유적을 활용한 역사 문화 공간 조성 사업도 추진할 수 있게 돼요. 국가유산청 관계자는 "고령의 고분 구조나 출토된 유물이 신라와 차별화된 특성을 보이며 독창적 가치를 지녔다."고 지정 이유를 밝혔어요.

핵심 단어 찾기 빈칸에 들어갈 알맞은 단어를 찾아 ✓ 표 하세요.

- 옛 정치·문화의 중심지로 역사상 중요한 의미를 지닌 지역을 (　　)라고 해요.
- 우리나라에서 다섯 번째 고도로 지정된 곳은 경상북도 (　　)이에요.

☐ 대도시
☐ 고도
☐ 고성군
☐ 고령군

꼼꼼히 읽기 고도로 지정된 고령군에 대한 설명으로 <u>틀린</u> 것을 고르세요. (　　)

① 고령군에는 5~6세기 대가야의 흔적이 고스란히 남아 있다.
② 대가야의 궁궐이 있었으리라 추정되는 궁성 터를 비롯해 왕궁을 방어하던 산성, 토기 가마 흔적 등이 확인되었다.
③ 고령 지산동 고분군은 그 가치를 인정받아 유네스코 세계유산에 등재될 예정이다.
④ 고도로 지정된 고령군은 주거 환경과 가로 경관을 개선하는 사업을 지원받을 수 있다.

어휘 익히기 다음 초성 힌트와 설명을 보고 해당하는 어휘를 적어 보세요.

- ㄱㅅ　　궁궐을 둘러 싼 성벽.
- ㄱㅂ　　고대에 만들어진 무덤.
- ㅊㅌ　　땅속에 묻혀 있던 물건이 밖으로 나옴. 또는 그것을 파냄.

생각 곱씹기 우리나라에서 여섯 번째 고도로 지정될 만한 도시는 어디일까요? 이유와 함께 적어 보세요.

_____

_____

_____

비양도에서 치킨 시키신 분?

미리보기사전

드론(Drone)
자동 조종되거나 무선 전파를 이용하여 원격 조종되는 무인 비행 물체를 말해요.

제주도는 가까운 섬인 비양도, 가파도, 마라도를 대상으로 드론 배송을 시작했어요. 배가 운항하지 않는 시간대에 드론으로 생활필수품을 배송하는 거예요. 치킨집이 없는 비양도에서는 이 서비스를 이용해 치킨을 배달해 먹을 수도 있어요.

배달하고 돌아올 때는 주민이 채취한 해산물 배송

비양도에서는 매주 목요일과 금요일, 가파도와 마라도에서는 매주 수요일부터 금요일까지 제주도로부터 드론으로 물품을 받을 수 있어요. 드론을 통한 물품 배송은 배가 운항하지 않는 시간인 오후 4시부터 오후 8시까지 이뤄져요. 비양도와 마라도는 최대 3kg의 가벼운 물품을, 가파도는 최대 15kg의 무거운 물품을 배송할 수 있어요. 드론이 물건을 내리고 제주도로 돌아올 때는 주민들이 채취한 해산물을 싣고 오게 돼요.

3분 30초 만에 비양도 도착

드론 비행시간은 제주 한림읍 금능 포구에서 비양도가 3분 30초, 대정읍 상모리에서 가파도가 10분, 마라도가 20분 정도 걸려요. 드론 배송 비용은 주민은 3,000원, 관광객은 5,000원을 내야 해요. 드론 배송을 원하는 주민이나 관광객은 드론 배송 센터에 전화하거나 앱을 통해 물품을 주문할 수 있어요. 제주도는 비양도와 가파도, 마라도에 드론 배송 센터를 열고, 섬 주민들의 생활 편의를 개선해 나가고 있어요.

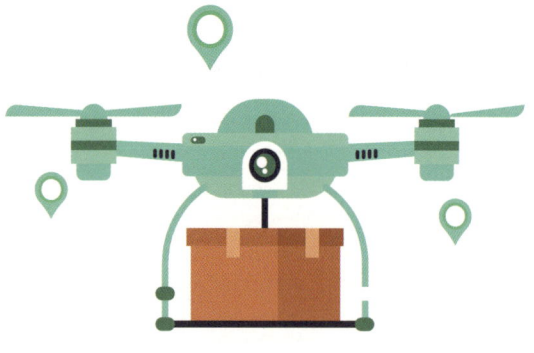

핵심 단어 찾기 빈칸에 들어갈 알맞은 단어를 찾아 ✓ 표 하세요.

- 자동 조종되거나 무선 전파를 이용하여 원격 조종되는 무인 비행 물체를 (　　)이라고 해요.
  - ☐ 드럼
  - ☐ 드론
- (　　)는 비양도, 가파도, 마라도에 드론으로 생활필수품을 배송하는 서비스를 시작했어요.
  - ☐ 울릉도
  - ☐ 제주도

꼼꼼히 읽기 제주도의 드론 배송에 대한 설명으로 <u>틀린</u> 것을 고르세요. (　　)

① 배가 운항하지 않는 시간대에 드론으로 생활필수품을 배송한다.
② 비양도와 마라도는 최대 3kg의 가벼운 물품을 배송한다.
③ 드론이 물건을 내리고 제주도로 돌아올 때는 물건을 배송하지 않는다.
④ 드론 배송 비용은 주민은 3,000원, 관광객은 5,000원을 내야 한다.

어휘 익히기 다음 초성 힌트와 설명을 보고 해당하는 어휘를 적어 보세요.

- ㅇ ㅎ　　배나 비행기가 정해진 항로나 목적지를 오고 감.
- ㅊ ㅊ　　풀, 나무, 광석을 찾아 베거나 캐거나 하여 얻어 냄.
- ㄱ ㅅ　　잘못된 것이나 부족한 것, 나쁜 것을 고쳐 더 좋게 만듦.

생각 곱씹기 드론 배송은 섬 외에 어떤 곳에서 필요할까요?

오물 풍선, 왜 자꾸 보내요?

> **미리 보기 사전**
> **오물 풍선**
> 북한이 2024년 5월부터 우리나라로 보내는 풍선을 말해요. 풍선에서는 대변, 거름 등 오물부터 건전지, 신발, 의류 조각, 페트병, 담배꽁초 등이 발견됐어요.

북한이 2024년 5월 28일부터 7월 24일까지 10차례에 걸쳐 보낸 오물 풍선이 전국 3,359곳에서 발견됐어요. 이 가운데 60% 이상이 서울에서 발견됐는데요. 북한은 왜 오물 풍선을 계속 보내는 걸까요?

대북 전단에 대한 맞불

북한이 오물 풍선을 보내는 것은 우리나라의 탈북민 단체가 북한으로 북한 정권을 비난하는 대북 전단을 보낸 데 따른 대응 조치예요. 북한 정권을 비난하는 전단을 계속 보내자 북한이 오물 풍선으로 맞불을 놓은 거지요. 2024년 7월에는 경기도 부천시에서 북한의 오물 풍선에 달린 기폭 장치가 폭발하며 자동차가 불타기도 했어요. 북한이 어떤 물질을 풍선에 넣어 보낼지 알 수 없는 상황이라, 오물 풍선이 발견되면 군대와 경찰이 출동해 수거하고 있어요.

대북 확성기 방송 시작

북한이 오물 풍선을 계속 보내자 우리나라는 북한과 마주한 전선에 있는 확성기를 활용해 대북 확성기 방송을 다시 시작하며 맞대응에 나섰어요. 확성기 방송은 대북 심리전 방송인 '자유의 소리'를 재송출하는 방식인데요. 김씨 일가의 3대 세습 비판과 자본주의 체제 선전 등 북한이 민감해하는 내용이 담겨 있어요. 확성기 방송이 전면 시행되면서 남북 간 충돌이 발생할 우려도 커지고 있어요.

핵심 단어 찾기 빈칸에 들어갈 알맞은 단어를 찾아 ✓ 표 하세요.

- 북한이 대변, 거름 등 오물과 쓰레기를 담아 보내는 풍선을 (　)이라고 해요.
- 북한이 오물 풍선을 보내는 것은 우리나라 탈북민 단체가 (　)을 보낸 데 따른 일종의 대응 조치예요.

☐ 애드벌룬
☐ 오물 풍선
☐ 대남 전단
☐ 대북 전단

꼼꼼히 읽기 북한 오물 풍선 사태에 대한 설명으로 틀린 것을 고르세요. (　)

① 북한이 날려 보낸 오물 풍선 중 전체의 60% 이상이 서울에서 발견됐다.
② 대북 전단에 대한 맞불의 의미로 북한이 오물 풍선으로 보내는 것이다.
③ 오물 풍선이 발견되면 군대와 경찰이 출동해 수거하고 있다.
④ 북한이 오물 풍선을 계속 보내자 우리나라는 대북 확성기 방송을 중단했다.

어휘 익히기 다음 초성 힌트와 설명을 보고 해당하는 어휘를 적어 보세요.

- ㅇ ㅁ　　지저분하고 더러운 물건. 쓰레기나 배설물 등을 이른다.
- ㅌ ㅂ ㅁ　　북한을 탈출하여 나온 사람.
- ㅎ ㅅ ㄱ　　소리를 크게 하여 멀리까지 들리게 하는 기구.

생각 곱씹기 북한의 오물 풍선을 막을 수 있는 방법을 적어 보세요.

_____
_____
_____

145

노인 인구 천만 시대 열렸다

> **미리보기 사전**
>
> **초고령 사회**
> 65세 이상 인구가 전체의 20% 이상인 사회를 말해요. 65세 이상 인구 비율이 7% 이상이면 '고령화 사회', 14% 이상이면 '고령 사회', 20% 이상이면 '초고령 사회'로 분류해요.

우리나라의 65세 이상 인구가 최초로 1천만 명을 넘어섰어요. 2024년 연말이나 2025년 초 우리나라는 65세 이상 인구가 전체 인구의 20%를 넘는 초고령 사회가 될 전망이에요.

전체 인구의 19.51%가 65세 이상

정부 발표에 따르면 2024년 7월 10일 기준 우리나라의 65세 이상 인구는 1천만 62명으로 처음으로 1천만 명을 넘어섰어요. 이로써 전체 인구 중 65세 이상 인구가 19.51%를 차지하게 됐어요. 65세 이상 인구는 여자가 남자보다 더 많은 것으로 집계됐으며, 지역별로 분류하면 수도권의 경우 전체 인구의 17.24%, 비수도권은 전체 인구의 21.84%가 65세 이상 인구였어요.

경제·사회적 활력 줄어

초고령 사회가 되면 생산 가능 인구가 줄어 나라의 경제·사회적 활력도 줄어들게 돼요. 우리나라의 고령화는 세계 최저 수준인 출생률 때문에 심각성이 더욱 커요. 지금의 인구를 유지하는 수준의 합계출산율은 2.1명인데 우리나라의 2023년 합계출산율은 고작 0.72명이었어요.

핵심 단어 찾기 빈칸에 들어갈 알맞은 단어를 찾아 ✓ 표 하세요.

- 전체 인구 가운데 65세 이상의 노인 인구가 차지하는 비율이 20% 이상인 사회를 (   )라고 해요.
- 우리나라의 (   ) 이상 인구가 최초로 1천만 명을 넘어섰어요.

☐ 초고령 사회
☐ 고령화 사회
☐ 60세
☐ 65세

꼼꼼히 읽기 우리나라의 인구에 대한 설명으로 틀린 것을 고르세요. (   )

① 2024년 7월 10일 기준 우리나라의 65세 이상 인구는 1천만 62명이다.
② 주민등록인구 중 65세 이상 인구는 19.51%를 차지하게 됐다.
③ 65세 이상 인구는 여자보다 남자가 더 많다.
④ 65세 이상 인구 비율은 수도권보다 비수도권이 더 높다.

어휘 익히기 다음 초성 힌트와 설명을 보고 해당하는 어휘를 적어 보세요.

- ㅅㄷㄱ   수도를 중심으로 이루어진 대도시권.
- ㅅㅅㄱㄴㅇㄱ   생산 활동이 가능한 15~64세에 해당하는 인구.
- ㅎㄹ   살아 움직이는 힘.

생각 곱씹기 초고령 사회의 모습을 한 장면 예상해 보세요.

_____
_____
_____

유료 시사회, 논란의 중심이 되다

유료 시사회
영화를 일반에게 공개하기 전에 유료로 상영하는 것을 말해요.

미리보기사전

2024년 여름 개봉한 영화 〈슈퍼배드4〉가 전부터 변칙 개봉 논란에 휩싸였어요. 정해진 개봉일 전에 스크린을 확보해 대규모 유료 시사회를 열면서 사실상 정식 개봉처럼 영화를 상영한 거예요.

티켓을 사서 보는 유료 시사회

〈슈퍼배드4〉의 국내 정식 개봉일은 7월 24일이었어요. 그런데 개봉 전 주말인 7월 20일과 21일에 대규모 유료 시사회를 전국 380여 개 영화관에서 진행했어요. 이틀 동안 서울 지역에서만 850여 회 상영된 거예요. 이는 정식 개봉해 상영 중인 다른 영화의 상영 횟수와 큰 차이가 없었어요. 영화계는 이를 두고 변칙 개봉이라고 비판해요. 이름만 시사회일 뿐, 티켓을 판매하고 관객 수를 산정한다는 점에서 일반 개봉과 같다는 논리예요.

다른 영화의 상영 회차가 줄어드는 반칙

이렇게 대규모로 유료 시사회를 열면 이미 개봉한 다른 영화의 상영 회차가 줄수밖에 없어요. 게다가 유료 시사회는 홍보 마케팅의 일환인데 이렇게 대규모로 진행하는 것은 반칙이라는 거예요. 유료 시사회는 대부분 3~4회 상영하고, 수천 석 규모가 일반적이에요. 영화 개봉일은 꼭 지켜야 할 약속으로 여겨져요. 어느 영화와 맞붙느냐에 따라 흥행 성적이 크게 차이 나기 때문이에요.

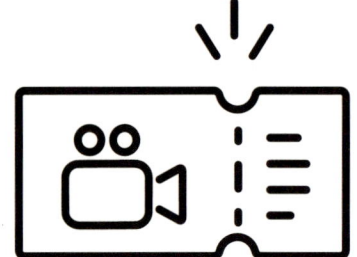

핵심 단어 찾기 빈칸에 들어갈 알맞은 단어를 찾아 ✓ 표 하세요.

- 영화를 일반에게 공개하기 전에 유료로 상영하는 것을 (　　)라고 해요.
  - ☐ 유료 시사회
  - ☐ 무료 시사회

- 애니메이션 영화 <슈퍼배드4>가 개봉 전에 대규모 유료 시사회를 열면서 (　　) 논란에 휩싸였어요.
  - ☐ 변칙 개봉
  - ☐ 축소 개봉

꼼꼼히 읽기 <슈퍼배드4>의 변칙 개봉 논란에 대한 설명으로 틀린 것을 고르세요. (　　)

① 정해진 개봉일 후에 대규모 유료 시사회를 열었다.
② 정식 개봉해 상영 중인 다른 영화의 상영 횟수와 큰 차이가 없었다.
③ 유료 시사회는 티켓을 판매하고 관객 수를 산정한다는 점에서 일반 개봉과 같다.
④ 대규모로 유료 시사회를 열면 이미 개봉한 다른 영화의 상영 회차가 줄어들 수밖에 없다.

어휘 익히기 다음 초성 힌트와 설명을 보고 해당하는 어휘를 적어 보세요.

- ㄱㅂ　　　새 영화를 처음으로 상영함.

- ㅅㅋㄹ　　영화를 투영하기 위한 백색 또는 은색의 막.

- ㅂㅊ　　　원칙에서 벗어나 달라짐.

생각 곱씹기 관객은 대규모 유료 시사회를 여는 것을 반길까요? 이유와 함께 예측해 보세요.

_____

_____

_____

지하철역 이름을 팝니다

미리보기 사전

역명 병기 사업

지하철역 이름에 추가로 이름을 넣는 사업이에요. 압구정(현대백화점)역, 서울숲(에스엠타운)역 등이 역명 병기 사업의 사례예요.

서울교통공사가 서울에 있는 10개 역의 이름을 붙이기 위한 공개 입찰에 나섰어요. 이미 있는 역 이름에 추가로 이름을 하나 더 붙이는 역명 병기 사업의 일환인데요. 혹시 우리 동네 역 이름이 바뀌는 건 아닐까요?

강남역과 성수역이 주목받아

2024년 7월 서울교통공사는 강남역·성수역·삼각지역·사당역·노원역·종각역 등 10개 역의 이름을 공개 입찰한다고 발표했어요. 입찰을 통해 역 이름이 확정되면 지하철역 출입구, 승강장, 안전문, 노선도 등에 역 이름이 표기되고, 지하철 안내 방송에도 역 이름이 언급돼요. 이번에 입찰 대상으로 나온 10개 역 중에는 하루 평균 승차 인원이 10만 명이 넘는 강남역과 팝업 매장의 성지인 성수역이 주목받았는데요. 실제로 성수역은 CJ올리브영이, 강남역은 하루플란트치과의원이 낙찰받아 10월부터 병기될 예정이에요.

가시적인 브랜드 홍보

지하철 역명 병기 사업은 기업이 브랜드를 홍보할 수 있는 큰 기회로 작용해요. 입찰에 참여하려면 해당 기업이나 기관의 위치가 역사에서 1km 이내(서울 시내 기준, 시외는 2km 이내)에 있어야 해요. 낙찰받으면 3년 동안 지하철역에 이름을 넣을 수 있고, 한 번 연장해서 최대 6년까지 이름을 넣을 수 있어요. 서울교통공사는 공사의 재정난을 해소하기 위한 방편으로 역명 병기 사업을 지속하고 있어요.

핵심 단어 찾기 빈칸에 들어갈 알맞은 단어를 찾아 ✓ 표 하세요.

- 지하철역 이름에 추가로 이름을 넣는 사업을 (　　)이라고 해요.
  - ☐ 역명 병기 사업
  - ☐ 역명 폐기 사업

- 서울교통공사가 서울에 있는 10개 역의 이름을 붙이기 위한 (　　)에 나섰어요.
  - ☐ 비공개 선정
  - ☐ 공개 입찰

꼼꼼히 읽기 서울교통공사의 역명 병기 사업에 대한 설명으로 <u>틀린</u> 것을 고르세요. (　　)

① 압구정역, 서울숲역 등이 대표적인 사례이다.
② 입찰을 통해 역의 이름이 확정되면 지하철역 출입구, 승강장, 안전문, 노선도에 역 이름이 표기된다.
③ 하루 평균 승차 인원이 10만 명이 넘는 강남역은 대상 역에 포함되지 않았다.
④ 사람들에게 브랜드를 홍보할 수 있다는 점에서 홍보 효과가 꽤 크다.

어휘 익히기 다음 초성 힌트와 설명을 보고 해당하는 어휘를 적어 보세요.

- ⓑ ⓖ　　함께 나란히 적음.

- ⓞ ⓗ　　상품의 매매나 계약을 체결할 때 희망자들에게 낙찰 희망 가격을 제출하게 하는 일.

- ⓩ ⓩ ⓝ　　재정이 부족하여 생기는 어려움.

생각 곱씹기 우리 집과 가까운 역에는 어떤 기업의 이름을 넣으면 좋을지 이유와 함께 적어 보세요.

일회용 커피 캡슐, 우체통에 쏘옥~

> **미리보기사전**
> **우체통**
> 우편물을 넣기 위하여 여러 곳에 설치한 통을 말해요. 2024년 5월 기준 전국에 7,936개의 우체통이 있어요.

2024년 10월부터 우체통에서 일회용 커피 캡슐을 수거해 가요. 그동안 편지 수집을 위해 사용되던 우체통이 분리수거 용도로 활용되는 거예요.

폐의약품, 커피 캡슐 회수도 하는 우체통

우편 업무를 담당하는 우정사업본부는 2024년 10월부터 다 쓴 일회용 커피 캡슐을 우체통에 넣으면 이를 회수하기로 했어요. 이를 위해 편지(소형소포) 접수와 폐의약품, 일회용 커피 캡슐의 회수가 가능한 '에코(ECO) 우체통' 제작에 나섰어요. 우체통을 통한 폐의약품 회수는 이미 2023년부터 서울시, 세종시, 전남 나주시에서 진행되었고, 1년 동안 1만 6,557건의 폐의약품을 회수한 바 있어요.

우체통의 역할 시대에 따라 바뀌어

우체통을 통해 발송되는 편지는 인터넷과 통신이 발달하기 전 기쁨과 슬픔을 나누는 다리 역할을 했어요. 멀리 있는 가족과 친구에게 안부를 전하고 연인과 애틋한 감정을 나누는 등 마음을 전하는 매개체가 되었죠. 이후 우체통은 신분증과 지갑 등 개인 분실물을 찾아주는 역할도 해요. 그러다 통신 기술의 발달로 편지를 보내는 사람이 줄어들자 우체통은 새로운 역할을 찾아 변화를 시도하고 있어요.

핵심 단어 찾기 빈칸에 들어갈 알맞은 단어를 찾아 ✓ 표 하세요.

- 우편물을 넣기 위하여 여러 곳에 설치한 통을 (　　)이라고 해요.

☐ 휴지통
☐ 우체통

- 2024년 10월부터 우체통에서 일회용 (　　) 분리수거가 가능해져요.

☐ 커피 캡슐
☐ 물티슈

꼼꼼히 읽기 우체통의 변신에 대한 설명으로 틀린 것을 고르세요. (　　)

① 2024년 10월부터 일회용 커피 캡슐의 분리수거 용도로 우체통을 이용할 수 있다.
② 편지 접수와 폐의약품, 일회용 커피 캡슐의 회수가 가능한 '에코 우체통'을 만들고 있다.
③ 우체통을 통한 폐의약품 회수는 2023년부터 전국에서 진행했다.
④ 우체통은 신분증과 지갑 등 개인 분실물을 찾아주는 역할도 하고 있다.

어휘 익히기 다음 초성 힌트와 설명을 보고 해당하는 어휘를 적어 보세요.

- ㅍㅇㅇㅍ　　못 쓰게 되어서 버리는 의약품.

- ㅌㅅ　　전화 등으로 정보나 의사를 전달함.

- ㅁㄱㅊ　　둘 사이에서 어떤 일을 맺어 주는 것.

생각 곱씹기 우체통이 또 어떤 역할을 하면 좋을지 생각을 적어 보세요.

_____

_____

_____

버리지 말고 지켜 주세요

> **미리보기사전**
>
> **유기 동물**
> 주인이 돌보지 않고 내다 버린 동물을 말해요.

한 해 동안 잃어버리거나 버려졌다가 구조되는 반려동물은 얼마나 될까요? 농림축산검역본부가 발표한 '2023년 반려동물 보호·복지 실태조사' 결과를 보면 자세한 내용을 알 수 있어요.

구조된 반려동물만 11만 마리 넘어

2023년 잃어버리거나 버려졌다가 구조된 반려동물의 수는 11만 3,072마리였어요. 2021년부터 3년 연속 11만 마리를 넘은 거예요. 구조된 동물의 71.2%는 개, 27.3%가 고양이였어요. 구조된 반려동물 중 4만 4,000마리(39.2%)는 소유자에게 돌아가거나 입양 혹은 기증되었고, 3만 1,000마리(27.6%)는 자연사, 2만 마리(18.0%)는 안락사 처리됐어요. 1만 5,000마리(13.3%)는 동물 보호 센터에서 보호하고 있는 것으로 나타났어요. 이번 조사 결과는 반려동물 인구가 증가하는 만큼 버려지거나 잃어버리는 경우도 꾸준히 많다는 사실을 보여 주고 있어요.

길고양이 개체수 줄이기 프로젝트

한편 도심지나 주택가에서 자연적으로 살아가는 고양이 개체수를 조절하기 위한 '길고양이 중성화 사업'은 2022년보다 16.4% 증가한 12만 1,537마리에 대해 시행됐어요. 이를 위해 쓴 예산은 226억 8,330만 원으로 마리당 평균 18만 7,000원이 쓰였어요. 최근 길고양이를 학대하는 일이 종종 발생하기도 하는데, 이는 동물 보호법에 따라 처벌받을 수 있어요.

핵심 단어 찾기 빈칸에 들어갈 알맞은 단어를 찾아 ✓ 표 하세요.

- 주인이 돌보지 않고 내다 버린 동물을 (　　)이라고 해요.

- 잃어버리거나 버려졌다가 구조된 반려동물 중 71.2%는 (　　)였고 27.3%는 (　　)였어요.

☐ 유기 동물
☐ 야생 동물
☐ 개 / 고양이
☐ 새 / 햄스터

꼼꼼히 읽기 유기 동물과 길고양이에 대한 설명으로 <u>틀린</u> 것을 고르세요. (　　)

① 2023년 기준 잃어버리거나 버려졌다가 구조된 반려동물의 수는 3년 연속 11만 마리를 넘었다.
② 구조된 반려동물 중 39.2%는 소유자에게 돌아가거나 입양 혹은 기증됐다.
③ 구조된 반려동물 중 2만 마리는 안락사 처리됐다.
④ '길고양이 중성화 사업'은 길고양이의 개체수를 늘리기 위해 시행하고 있다.

어휘 익히기 다음 초성 힌트와 설명을 보고 해당하는 어휘를 적어 보세요.

- ㅈㅇㅅ　　노쇠하여 자연히 죽음.

- ㅇㄹㅅ　　회복이 불가능한 반려동물의 고통을 덜어 주기 위해 수의사의 결정에 따라 약물을 주사하여 죽음에 이르게 하는 일.

- ㄱㅈ　　선물이나 기념으로 남에게 물품을 거저 줌.

생각 곱씹기 버려지는 반려동물의 수를 줄이려면 정부는 어떤 정책을 펼쳐야 할까요?

_____
_____
_____

어린이집 줄고 노인 시설 늘었다

> **미리보기 사전**
>
> **어린이집**
> 6세 미만의 어린이를 돌보고 기르는 시설을 뜻해요.

급격한 저출생의 영향으로 문 닫는 어린이집이 늘고 있어요. 2023년 전국에서 운영 중인 어린이집은 2022년보다 2,000개 가까이 줄었어요. 반대로 노인 시설은 3,000개 이상 대폭 늘어났어요.

한 해 동안 어린이집 2천 곳 사라져

정부가 발표한 '2023년 보육 통계'에 의하면 2023년 전국에서 운영 중인 어린이집은 2만 8,954곳으로 2022년 3만 923곳보다 1,969곳(6.8%) 감소했어요. 특히 가정 어린이집이 크게 줄었고, 국공립 어린이집은 소폭 늘었어요. 전체 어린이집이 줄면서 전국의 읍·면·동 중 597곳에는 어린이집이 없는 실정이에요. 이 가운데 537곳이 지방 소멸 위험을 겪고 있는 농촌 지역이었어요.

노인 시설은 한 해 동안 3천 곳 이상 늘어

반면 고령화로 노인 인구가 늘면서 노인 시설은 가파르게 증가하는 추세예요. '2024 노인복지시설 현황'을 보면 노인복지관, 경로당, 노인요양시설, 재가노인복지시설 등의 노인 시설은 2022년 8만 9,698곳에서 2023년 9만 3,056곳으로 1년 사이에 3,358곳(3.7%) 늘었어요. 65세 이상 노인 인구는 2024년 7월 10일 1,000만 명을 넘어섰어요. 저출생과 고령화 현상이 우리 사회를 더 빠르게 변화시키는 모습이에요.

핵심 단어 찾기 빈칸에 들어갈 알맞은 단어를 찾아 ✓ 표 하세요.

- 6세 미만의 어린이를 돌보고 기르는 시설을 (　　)이라고 해요.

☐ 보호 시설
☑ 어린이집

- 급격한 (　　)의 영향으로 문을 닫는 어린이집이 늘어나고 있어요.

☐ 저출생
☐ 경제 한파

꼼꼼히 읽기 어린이집과 노인 시설에 대한 설명으로 틀린 것을 고르세요. (　　)

① 2023년 전국에서 운영 중인 어린이집은 2022년보다 1,969곳 감소했다.
② 가정 어린이집과 국공립 어린이집이 모두 감소했다.
③ 노인 시설은 2022년보다 2023년에 3,358곳 늘었다.
④ 65세 이상 노인 인구는 2024년 7월 10일 1,000만 명을 넘어섰다.

어휘 익히기 다음 초성 힌트와 설명을 보고 해당하는 어휘를 적어 보세요.

- ㅅㅍ　　　적은 정도.

- ㅅㅁ　　　사라져 없어짐.

- ㄱㄹㄷ　　노인들이 모여 여가를 즐길 수 있도록 마련한 집이나 방.

생각 곱씹기 어린이집이 감소하면 어떤 부작용이 생길까요?

_____
_____
_____

어휘 한눈에 보기

사회문화 기사에 등장한 한자어와 순우리말 어휘를 정리해 보아요. 한자처럼 보이지만 순우리말인 경우도 있고 순우리말처럼 보이는 말이 한자어인 경우도 있으니 꼼꼼하게 살펴보세요.

사회문화 기사에서 눈여겨보면 좋을 한자어

숙제
宿 잠잘 숙
題 제목 제
방과 후에 학생들에게 내 주는 과제.

반대
反 돌이킬 반
對 대답할 대
어떤 행동이나 견해 등에 따르지 않고 맞서 거스름.

쟁점
爭 다툴 쟁
點 점찍을 점
서로 다투는 중심이 되는 점.

부인
否 아닐 부
認 알 인
어떤 내용이나 사실을 그러하다고 인정하지 않음.

유포
流 흐를 유(류)
布 베 포
세상에 널리 퍼뜨림.

귀어
歸 돌아올 귀
漁 고기잡을 어
일을 하던 사람이 그 일을 그만두고 어촌으로 돌아감.

결혼
結 맺을 결
婚 혼인할 혼
남녀가 정식으로 부부 관계를 맺음.

혼수
婚 혼인할 혼
需 구할 수
결혼할 때 드는 물품.

의혹
疑 의심할 의
惑 미혹할 혹
의심하여 수상히 여김.

위상
位 자리 위
相 서로 상
어떤 사물이 다른 사물과의 관계 속에서 가지는 위치나 상태.

가로
街 거리 가
路 길 로
시가지의 넓은 도로.

대북
對 대답할 대
北 북녘 북
북쪽에 대한.

세습
| 世 | 세대 **세** |
| 襲 | 엄습할 **습** |

집안의 재산이나 신분 등을 대대로 물려주고 물려받음.

선전
| 宣 | 베풀 **선** |
| 傳 | 전할 **전** |

많은 사람이 이해하도록 잘 설명하여 널리 알리는 일.

낙찰
| 落 | 떨어질 **낙** |
| 札 | 패 **찰** |

경매나 입찰에서 어떤 사람이나 업체에 물건이 돌아가도록 결정하는 일.

안부
| 安 | 편안할 **한** |
| 否 | 아닐 **부** |

편안하게 잘 지내고 있는지 소식을 전하거나 묻는 일.

실정
| 實 | 열매 **실** |
| 情 | 뜻 **정** |

실제 사정이나 정세.

재가
| 在 | 있을 **재** |
| 家 | 집 **가** |

집에 머물러 있음.

🔍 사회문화 기사에서 눈여겨보면 좋을 **순우리말**

- **꺼리다**   피하거나 싫어하다.
- **갯벌**   밀물 때는 물에 잠기고 썰물 때는 드러나는 점토질의 평탄한 땅.
- **나들이**   집을 떠나 가까운 곳에 잠시 다녀오는 일.
- **덮다**   어떤 사실이나 내용 등을 드러내지 않고 그대로 두거나 숨기다.
- **눈치**   속으로 생각하는 바가 겉으로 드러나는 어떤 태도.
- **메우다**   뚫려 있거나 비어 있는 곳을 막거나 채우다.
- **옛말**   어떤 현상이 지금은 찾아볼 수 없게 된 경우를 이르는 말.
- **가뜩이나**   그러지 않아도 매우.
- **얽매이다**   마음대로 행동할 수 없도록 몹시 구속되다.
- **쌉쌀하다**   조금 쓴 맛이 있다.
- **맞춤**   정한 규격으로 미리 주문하여 만듦.
- **다리**   둘 사이의 관계를 이어 주는 사물을 비유적으로 이르는 말.

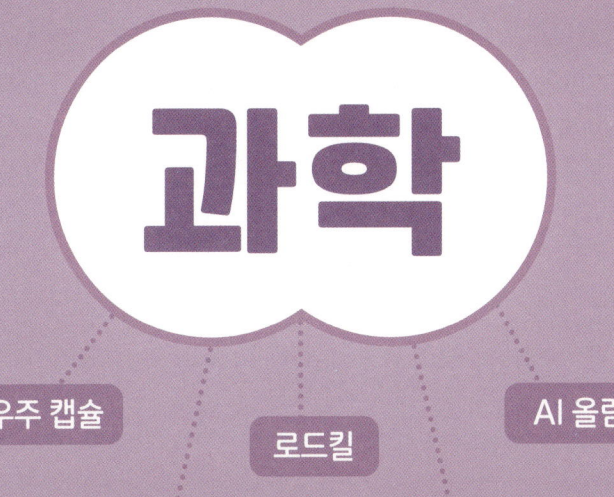

과학

- 우주 캡슐
- 클라우드
- 로드킬
- 인공 혈액
- AI 올림픽

보잉 최초의 유인 비행 발사!

> **미리보기 사전**
>
> **우주 캡슐**
> 우주를 비행하는 동안 사람이나 생물이 일정 기간 동안 생활할 수 있도록 환경을 갖추어 놓은 용기를 말해요.

　미국의 항공우주기업 보잉(Boeing)의 우주 캡슐 '스타라이너'가 첫 유인 비행 발사에 성공했어요. 스타라이너는 2024년 6월 5일 미국 플로리다주 케이프 커내버럴 우주 기지에서 발사되어 국제우주정거장(ISS)에 무사히 도킹했어요.

자율 비행과 수동 조종을 동시에

　아틀라스 V 로켓에 실려 발사된 스타라이너는 발사 15분 뒤, 우주 비행사들이 탄 캡슐이 로켓과 성공적으로 분리됐어요. 발사 30분 뒤에는 캡슐이 자체 추진기를 점화해 비행을 시작했고, 발사 후 27시간 만에 국제우주정거장(ISS)에 도킹했어요. 스타라이너에는 우주 비행사 부치 윌모어(61)와 수니 윌리엄스(58)가 탑승했어요. 두 사람 모두 두 차례 국제우주정거장에 다녀온 베테랑 우주 비행사예요.

스페이스X를 쫓는 보잉

　이에 앞서 스페이스X는 이미 2020년 유인 시험 비행에 성공했고, 지금은 달과 화성에 사람을 보낼 발사체 시험 중이에요. 반면 보잉은 2022년에 무인 시험 비행에 성공했고 이번에 처음으로 유인 비행에 성공한 거예요. 이번 유인 시험 비행의 성공으로 미 항공우주국(NASA)은 2026년부터 국제우주정거장으로의 수송 임무에 스타라이너와 스페이스X의 '크루 드래건'을 함께 활용할 계획이에요.

핵심 단어 찾기 빈칸에 들어갈 알맞은 단어를 찾아 ☑ 표 하세요.

- 미국의 항공우주기업 보잉의 우주 캡슐 (　　)가 첫 유인 비행 발사에 성공했어요.
- 스타라이너는 미국 플로리다주 케이프 커내버럴 우주 기지에서 우주로 발사되어 (　　)에 도킹했어요.

☐ 스타라이너
☐ 카트라이더
☐ 달의 뒷면
☐ 국제우주정거장

꼼꼼히 읽기 보잉의 우주 캡슐 스타라이너에 대한 설명으로 <u>틀린 것</u>을 고르세요. (　　)

① 스타라이너는 아틀라스 V 로켓에 실려 발사되었다.
② 발사 30분 뒤에는 캡슐이 자체 추진기를 점화해 비행을 시작했다.
③ 발사 후 20시간 만에 국제우주정거장에 도킹했다.
④ 베테랑 우주비행사 두 사람이 탑승했다.

어휘 익히기 다음 초성 힌트와 설명을 보고 해당하는 어휘를 적어 보세요.

- ㅇㅇㅂㅎ　　우주선, 비행기 등에 조종하는 사람이 있는 상태로 비행하는 것.
- ㅂㅅㅊ　　우주선을 지구 궤도로 올리거나 지구 중력장에서 벗어나도록 하는 로켓 장치.
- ㅅㅅ　　기차나 자동차, 배, 항공기 등으로 사람이나 물건을 실어 옮김.

생각 곱씹기 세계 강대국들이 우주로 나아가기 위해 노력하는 이유는 무엇일까요?

구글이 부활시킨 이것!

미리보기사전

실시간 검색어 서비스
실시간으로 검색량이 급증한 검색어 순위를 보여 주는 서비스를 말해요.

세계적인 IT 기업 구글이 실시간 검색어 서비스를 다시 시작했어요. 사이트 하단의 검색창을 통해 '인기 급상승 검색어' 서비스를 제공하는 것인데요. 실시간 검색어 서비스는 네이버, 다음 등 국내 포털 사이트에서 2020년 초 사라진 서비스예요.

여론 조작 논란으로 국내에서는 사라져

국내에서 실시간 검색어 서비스가 사라진 이유는 여론 조작에 악용될 우려가 있기 때문이었어요. 짧은 시간 동안 일정 검색어를 많이 검색하면 실시간 검색어 순위에 올라간다는 사실이 알려지면서 여론 조작 논란이 불거졌거든요. 이번에 구글이 시작한 인기 급상승 검색어는 사실상 실시간 검색어 서비스와 같다는 해석이 나와요.

인기 급상승 검색어로 점유율 키우는 구글

실시간 검색어는 사람들의 관심사를 실시간으로 알려 준다는 장점이 있어요. 다른 사람들의 관심사가 궁금한 사람들이 즐겨 찾아보고는 해요. 구글은 인기 급상승 검색어 서비스를 전면에 내세우며 포털 시장에서의 점유율을 높이고 있어요. 인터넷 트렌드에 따르면 우리나라 포털 시장에서 구글의 점유율은 2022년 26.37%, 2023년 29.10%였으나, 2024년 5월 35.48%를 기록하며 큰 폭으로 상승했어요.

핵심 단어 찾기 빈칸에 들어갈 알맞은 단어를 찾아 ✓ 표 하세요.

- 실시간으로 검색량이 급증한 검색어 순위를 보여주는 서비스를 ( ) 서비스라고 해요.
- 네이버, 다음에서 실시간 검색어 서비스가 사라진 이유는 ( )에 악용될 수 있다는 우려 때문이었어요.

☐ 실시간 검색어
☐ 관심 검색어
☐ 여론 조작
☐ 사건 조작

꼼꼼히 읽기 실시간 검색어 서비스에 대한 설명으로 틀린 것을 고르세요. ( )

① 네이버, 다음 등의 국내 포털 사이트에서는 2020년 초에 사라졌다.
② 짧은 시간 동안 일정 검색어를 많이 검색하면 실시간 검색어 순위에 올라간다는 사실이 알려지며 여론 조작 논란이 끝이지 않았다.
③ 구글이 시작한 인기 급상승 검색어는 사실상 실시간 검색어 서비스와 같다는 해석이 나온다.
④ 구글은 인기 급상승 검색어 서비스를 전면에 내세웠지만 포털 시장에서 점유율은 줄었다.

어휘 익히기 다음 초성 힌트와 설명을 보고 해당하는 어휘를 적어 보세요.

- ㅅㅅㄱ   실제 흐르는 시간과 같은 시간.
- ㅌㄹㄷ   사상이나 행동 또는 어떤 현상에서 나타나는 일정한 방향.
- ㅈㅇㅇ   물건이나 영역, 지위 등을 차지하고 있는 비율.

생각 곱씹기 네이버와 다음도 실시간 검색어 서비스를 다시 시작해야 할까요?

_____
_____
_____

47살 우주 탐사선의 오래된 여행

미리보기 사전

보이저 1호(Voyager 1)
미 항공우주국(NASA)이 1977년 발사한 우주 탐사선으로, 인류 역사상 가장 오랜 기간 작동하며 가장 먼 우주를 비행 중이에요.

우주 탐사선 보이저 1호는 지구에서 쏘아 올린 인공 물체 중 지구와 가장 멀리 떨어져 있어요. 2024년 6월 기준으로 지구와 약 240억km 떨어져 있는데요. 보이저 1호는 1979년 목성, 1980년 토성 탐사에 성공했고, 1990년에는 명왕성 인근에서 지구를 찍은 사진을 보내왔어요. 2012년에는 태양계를 벗어난 뒤 우주를 관측한 정보를 보내오고 있어요.

원격으로 정비하며 47년 째 비행 중

지구에서 발사한 지 47년이 지난 노후 우주 탐사선 보이저 1호는 그동안 크고 작은 고장이 발생했었어요. 그럴 때마다 미 항공우주국은 원격으로 정비하며 보이저 1호의 수명을 연장했어요. 2023년 11월에도 관측 정보를 지구로 전송하는 기능이 고장 나 6개월 넘게 지구와 정상적인 교신이 안되었는데, 원격 정비를 통해 2024년 6월 전송 기능을 정상화했어요. 그 뒤로 보이저 1호는 주변 우주의 방사선과 자기장 관측 결과를 보내오고 있어요.

원자력 배터리 수명 곧 끝나

보이저 1호의 수명은 얼마 남지 않은 것으로 보여요. 보이저 1호에는 방사성 물질에서 나오는 열을 전기로 바꾸는 원자력 배터리가 실려 있어요. 이 배터리 덕에 계속적으로 전기를 공급받으며 작동해 왔는데, 배터리 수명이 다해가고 있어요. 미 항공우주국은 이르면 2025년, 늦어도 2030년에는 보이저 1호의 수명이 다할 것으로 전망해요.

핵심 단어 찾기 빈칸에 들어갈 알맞은 단어를 찾아 ✓ 표 하세요.

- (　　)는 미 항공우주국이 1977년 발사한 우주 탐사선으로, 인류 역사상 가장 먼 우주를 비행 중인 탐사선이에요.
- 보이저 1호는 2012년 (　　)를 벗어난 뒤 우주를 관측한 정보를 보내오고 있어요.

☑ 보이저 1호
☐ 아폴로 11호
☐ 은하계
☐ 태양계

꼼꼼히 읽기 보이저 1호에 대한 설명으로 <u>틀린</u> 것을 고르세요. (　　)

① 인류 역사상 가장 오랜 기간 작동한 우주 탐사선이다.
② 2024년 6월 기준으로 지구와 약 240억km 떨어져 있다.
③ 이르면 2025년, 늦어도 2030년에는 보이저 1호의 수명이 다할 것으로 전망된다.
④ 보이저 1호의 원자력 배터리 수명은 아직 한참 남았다.

어휘 익히기 다음 초성 힌트와 설명을 보고 해당하는 어휘를 적어 보세요.

- ㅌㅅㅅ　　우주 공간에서 지구나 다른 행성들을 탐사하기 위해 쏘아 올린 비행 물체.
- ㄴㅎ　　제구실을 하지 못할 정도로 낡고 오래됨.
- ㅇㄱ　　멀리 떨어져 있음.

생각 곱씹기 임무가 끝나가는 보이저 1호에게 하고 싶은 말을 적어 보세요.

_____
_____
_____

우주 로켓도 재사용할 수 있어요

> **미리보기사전**
> **발사체**
> 우주선을 지구 궤도로 올리거나 지구 중력장에서 벗어나도록 하는 로켓 장치를 말해요. 현재 우주로 진출하려는 나라들이 발사체 재사용에 관심을 쏟고 있어요.

2024년 6월 중국은 재사용 발사체의 발사 실험에 성공했어요. 재사용 발사체는 고도 12km까지 상승했다가 수직 착륙으로 지구에 돌아왔어요.

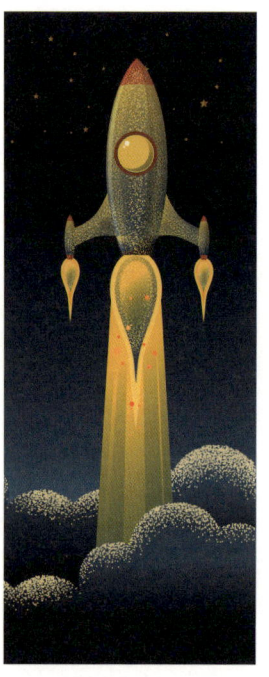

발사 모습 그대로 돌아온 발사체

이 실험은 중국 고비 사막의 주취안 위성발사센터에서 진행되었어요. 재사용 발사체는 고도 12km까지 올라갔다 다시 내려왔어요. 꽁무니를 지표면으로 향한 채 동체를 수직으로 세우고 천천히 내려온 건데요. 고도 50km 지점에서 동체에 접혀 있던 착륙용 다리 4개를 펼친 뒤 사뿐히 내려앉았어요. 마치 이륙하는 동영상을 거꾸로 돌린 것 같은 모습이었어요. 발사에서 착륙까지는 총 6분이 소요됐어요.

경제적이지만 개발이 어려워

그동안 사용된 발사체는 임무 완수 뒤 바다로 떨어뜨리는 일회용 로켓이었어요. 한 번 쓰고 버리는 것이기에 비용이 많이 들었지요. 반면 재사용 발사체는 한 번 로켓을 만들면 여러 번 쓸 수 있어서 경제적이에요. 하지만 재사용 발사체는 지표면으로 돌아올 때 비행 속도를 제어할 첨단 기술을 탑재해야 하기에 개발이 어려워요. 지금까지 재사용 발사체를 상업화한 곳은 미국 우주 기업 스페이스X뿐이에요. 이번 실험 성공으로 중국과 미국의 우주 개발 경쟁이 더 치열해질 전망이에요.

핵심 단어 찾기 빈칸에 들어갈 알맞은 단어를 찾아 ☑ 표 하세요.

- 우주선을 지구 궤도로 올리거나 지구 중력장에서 벗어나도록 하는 로켓 장치를 (   )라고 해요.

- 2024년 6월 중국이 쏘아올린 (   ) 발사체가 고도 12km까지 상승했다가 수직 착륙으로 다시 지구로 돌아왔어요.

☐ 무인항공기
☐ 발사체
☐ 재사용
☐ 일회용

꼼꼼히 읽기 재사용 발사체에 대한 설명으로 틀린 것을 고르세요. (   )

① 중국은 재사용 발사체 실험에 성공했다.
② 중국의 재사용 발사체는 발사에서 착륙까지 총 6분이 걸렸다.
③ 재사용 발사체는 한 번 로켓을 만들면 여러 번 쏠 수 있어서 경제적이다.
④ 재사용 발사체는 개발이 쉽다.

어휘 익히기 다음 초성 힌트와 설명을 보고 해당하는 어휘를 적어 보세요.

- ㅈㄹㅈ   중력이 작용하고 있는 지구 주위의 공간.

- ㅈㅍㅁ   지구의 표면 또는 땅의 겉면.

- ㅅㅇㅎ   상업의 형식으로 변화함. 제품을 생산하면서 매출이 발생하는 것.

생각 곱씹기 우리나라도 재사용 발사체 개발을 시작해야 할까요?

_____
_____
_____

혈액형 상관없이 수혈해요

> **미리보기사전**
> **혈액**
> 사람이나 동물 몸 안의 혈관을 돌며 산소와 영양분을 공급하고, 노폐물을 운반하는 붉은색 액체를 뜻해요.

지금까지 수술을 받을 때 수혈이 필요하면 환자와 같은 혈액형의 피를 수혈했어요. 그런데 이제는 혈액형을 묻지 않아도 수혈받을 수 있어요.

헤모글로빈 추출해 캡슐화한 인공 혈액

2024년 7월 일본 나라현립의과대학 사카이 히로미치 교수 연구팀은 "모든 환자에게 수혈이 가능한 인공 혈액 개발에 성공했다."고 밝혔어요. 이 인공 혈액은 혈액형에 상관없이 누구에게나 투여할 수 있어요. 연구팀은 보존 기간이 만료돼 폐기해야 하는 혈액에서 적혈구의 헤모글로빈을 추출하고, 캡슐화해 인공 혈액을 만들었어요. 적혈구는 최대 4주간 냉장 보관할 수 있지만, 인공 혈액은 상온에서 약 2년간, 냉장에서는 5년간 보관할 수 있다고 해요.

혈액 부족 문제 해결할 수 있어

인공 혈액은 보관과 운송이 쉬워 병원에서 먼 거리의 환자를 구하는 데 큰 도움이 될 거예요. 게다가 고령화가 심해지고 헌혈 인구가 감소하면서 발생하는 혈액 부족 문제를 해결할 수도 있어요. 인공혈액의 임상 시험은 2025년 시작돼요. 안전성과 효과가 확인되면 상용화를 거쳐 세계 최초의 인공 혈액이 될 거예요.

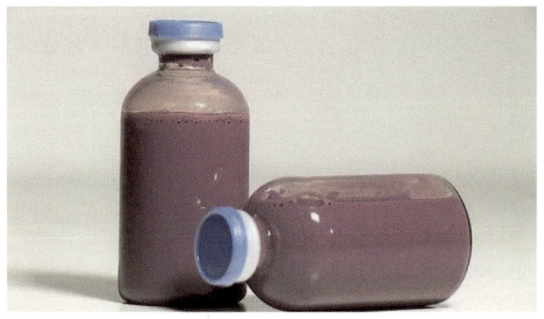

출처 : 나라현립의과대학 누리집 갈무리

핵심 단어 찾기 빈칸에 들어갈 알맞은 단어를 찾아 ☑ 표 하세요.

- 사람이나 동물의 몸 안의 혈관을 돌며 산소와 영양분을 공급하고, 노폐물을 운반하는 붉은색의 액체를 (　　)이라고 해요.
- 일본 나라현립의과대학 사카이 히로미치 교수 연구팀은 모든 환자에게 수혈이 가능한 (　　) 개발에 성공했다고 밝혔어요.

☐ 혈액
☐ 금액
☐ 인공 혈액
☐ 인공 장기

꼼꼼히 읽기 인공 혈액에 대한 설명으로 <u>틀린</u> 것을 고르세요. (　　)

① 인공 혈액은 혈액형에 상관없이 누구에게나 투여할 수 있다.
② 폐기해야 하는 혈액에서 적혈구의 헤모글로빈을 추출하고, 캡슐화해 인공 혈액을 만들었다.
③ 인공 혈액은 최대 4주간 냉장 보관할 수 있다.
④ 인공 혈액은 혈액이 부족해지는 문제를 해결할 수 있다.

어휘 익히기 다음 초성 힌트와 설명을 보고 해당하는 어휘를 적어 보세요.

- ㅅㅎ　　치료를 위하여, 건강한 사람의 혈액을 환자의 혈관 내에 주입하는 것.
- ㅅㅇ　　가열하거나 냉각하지 않은 자연 그대로의 기온. 보통 15℃를 가리킨다.
- ㅇㅅ　　환자를 진료하거나 의학을 연구하기 위하여 병상에 임하는 일.

생각 곱씹기 인공 혈액처럼 인류의 건강과 행복을 위해 발명되었으면 하는 것이 있나요? 이유와 함께 적어 보세요.

인도, 우주 강국으로 거듭나다

> **미리보기 사전**
>
> **우주 강국**
> 우주과학 분야의 기술력이 뛰어나 그 힘을 인정받는 나라를 뜻해요. 지구의 한정된 자원이 고갈되면서 강대국들은 앞다투어 우주로 세력을 넓히고 있어요.

우주 강국이라고 하면 전통적으로 미국과 러시아를 꼽고, 최근 수년 동안 비약적으로 발전한 중국을 더해서 말해요. 그런데 최근에 우주 강국의 반열에 오른 나라가 있어요. 바로 인도예요.

최초로 달 남극에 착륙한 인도

인도는 미국, 러시아(구 소련), 중국에 이어 달에 착륙한 네 번째 나라예요. 게다가 다른 나라는 닿지 못했던 달 남극에 세계 최초로 착륙하며 기술력을 뽐냈는데요. 인도는 1960년대부터 우주 개발에 꾸준히 투자했고 그 결실을 맺고 있어 현재는 뛰어난 과학 기술력으로 다른 나라의 위성을 대신 발사해 주며 막대한 수입을 벌어들이고 있어요. 그러자 최근 우주 분야에 진출하기 시작한 중동의 나라들도 인도에 파트너십을 제안하고 나섰어요.

2024년 하반기에는 화성 착륙 계획

2023년 9월 태양 관측용 인공위성 '아디티아 L1'을 발사한 인도는 빠르면 2024년 후반 화성 탐사선 '망갈리안-2'를 발사해 화성 착륙을 계획하고 있어요. 이번에 화성 착륙에 성공하면 인도는 미국과 중국에 이어 화성 착륙에 성공하는 세 번째 나라가 돼요. 또한 2035년까지 우주 정거장을 세우는 것을 목표로 막대한 연구 개발 예산을 쓰고 있어요. 우주 강국으로 나아가는 인도의 계획이 기존 우주 강국들을 뛰어넘을지 귀추가 주목돼요.

핵심 단어 찾기 빈칸에 들어갈 알맞은 단어를 찾아 ✅ 표 하세요.

- 우주과학 분야의 기술력이 뛰어나 그 힘을 인정받는 나라를 (　　)이라고 해요.

- 인도는 미국, 러시아, 중국에 이어 (　　)에 착륙한 네 번째 나라예요.

☐ 우주 강국
☐ 문화 강국
☐ 태양
☐ 달

꼼꼼히 읽기 인도의 우주 개발에 대한 설명으로 <u>틀린</u> 것을 고르세요. (　　)

① 다른 나라는 닿지 못했던 달 남극에 세계 최초로 착륙했다.
② 1960년대부터 우주 개발에 꾸준히 투자해 오고 있다.
③ 다른 나라에게 인도의 위성을 대신 발사해 달라고 요청하고 있다.
④ 2024년 후반 화성 탐사선 '망갈리안-2'를 발사해 화성 착륙을 계획하고 있다.

어휘 익히기 다음 초성 힌트와 설명을 보고 해당하는 어휘를 적어 보세요.

- ㅂㅇ　　　품계나 신분, 등급의 차례.

- ㄱㅅ　　　일의 결과가 잘 맺어지거나 그런 성과.

- ㅍㅌㄴㅅ　상거래나 경기, 놀이 등에서 둘 이상의 사람, 조직, 나라가 짝이 되어 협력하는 관계.

생각 곱씹기 우리나라가 우주 강국이 되려면 무엇부터 해야 할까요?

_____
_____

하늘을 막힘없이 나는 자동차

> **플라잉 카**(Flying Car)
> 땅과 하늘을 모두 달리는 자동차를 말해요.
>
> **미리 보기 사전**

2024년 7월 호주의 기업 페가수스는 자동차와 헬기를 합친 새로운 교통수단을 미국에서 판매하기 시작했어요. '페가수스 플라잉 카'라는 이 교통수단은 말 그대로 자유자재로 하늘을 나는 자동차예요.

도로 최고 시속 120km, 공중 최고 시속 160km

이 플라잉 카의 무게는 265kg, 탑승 인원은 한 명이에요. 일반 자동차처럼 도로를 달리다가 동체에 부착된 날개를 돌리면 수직 이착륙이 가능한 헬기로 변신해 하늘을 날 수 있어요. 도로에서는 최고 시속 120km까지 달릴 수 있고, 공중에서는 최고 시속 160km로 비행할 수 있어요. 비행은 최대 3시간까지 가능해요.

험한 지형과 교통 체증도 쏙쏙 피해

페가수스 플라잉 카는 도로를 달리다 길이 막히면 비행모드로 전환해 교통 체증을 피할 수 있어요. 그래서 험한 지형 때문에 용의자 추적을 포기하거나 교통 체증 때문에 응급 환자를 병원으로 옮기지 못하는 일을 줄일 수 있어요. 페가수스 플라잉 카는 주유소에서 쉽게 주유할 수 있는 고급 휘발유를 연료로 써, 접근성도 뛰어난 편이에요.

출처 : 페가수스 누리집 갈무리

핵심 단어 찾기 빈칸에 들어갈 알맞은 단어를 찾아 ☑ 표 하세요.

- 땅과 하늘을 모두 달리는 자동차를 (　　)라고 해요.

  ☐ 플라잉 카
  ☐ 수륙양용차

- 호주의 기업 페가수스는 (　　)와 (　　)를 합친 새로운 교통수단을 미국에서 판매하기 시작했어요.

  ☐ 자동차 / 헬기
  ☐ 자전거 / 헬기

꼼꼼히 읽기 페가수스의 플라잉 카에 대한 설명으로 틀린 것을 고르세요. (　　)

① 도로를 주행하다가 헬기로 변신해 하늘을 날 수 있다.
② 탑승 인원은 한 명이다.
③ 도로를 달리다 동체 위에 부착된 직선형 날개를 돌리면 수직 이착륙이 가능한 헬기로 변신한다.
④ 페가수스 플라잉 카의 연료는 주유소에서 쉽게 주유할 수 있는 항공유다.

어휘 익히기 다음 초성 힌트와 설명을 보고 해당하는 어휘를 적어 보세요.

- ㄷㅊ　　　　물체의 중심을 이루는 부분.

- ㅇㅊㄹ　　　이륙과 착륙을 통틀어 이르는 말.

- ㅊㅈ　　　　교통의 흐름이 순조롭지 아니하여 길이 막히는 상태.

생각 곱씹기 우리나라에도 플라잉 카가 도입되면 좋을까요? 의견을 이유와 함께 적어 보세요.

_____

_____

_____

달에 뻥 뚫린 지하 동굴이 있어요!

> **미리보기사전**
> **지하 동굴**
> 자연적으로 땅속에 생긴 깊고 넓은 큰 굴을 말해요.

2024년 7월 이탈리아 연구팀이 달 표면의 거대한 구덩이에서 폭과 길이가 수십 미터로 추정되는 지하 동굴을 발견했다고 발표했어요. 이 동굴은 온도가 적당하고 우주 방사선을 피할 수 있어 미래 달 탐사 기지로도 적합하다고 해요.

'고요의 바다'에서 발견한 동굴

달 표면에는 과거 화산 폭발로 용암이 흐르다 식으면서 생겨난 구덩이가 존재해요. 일부 구덩이에 구멍이 뚫려 지하 동굴이 존재한다는 설이 있었지만 지금까지 확인된 건 없었어요. 이번에 발견한 동굴은 1969년 아폴로 11호 우주인들이 인류 최초로 달에 발을 디딘 '고요의 바다'에 위치해 있어요. 2010년 미 항공우주국의 달 정찰궤도선이 보내 온 데이터를 연구하던 연구팀이 한 구덩이에서 동굴로 이어지는 통로가 있음을 확인한 거예요.

온도 유지되고 우주 방사선과 운석 피할 수 있어

이 동굴은 달 표면에서 130~170m 아래에 있고 길이 30~80m, 폭 45m 정도로 추정돼요. 달의 지하 동굴은 유인 우주 탐사 기지로 활용될 가능성 때문에 주목받아 왔어요. 달 표면은 밤낮의 온도 차가 최대 300℃까지 벌어지는데, 동굴 내부는 온도가 일정하게 유지돼요. 또 동굴 안에서는 지구보다 약 150배 강한 우주 방사선과 사방에서 날아오는 운석을 피할 수 있어요.

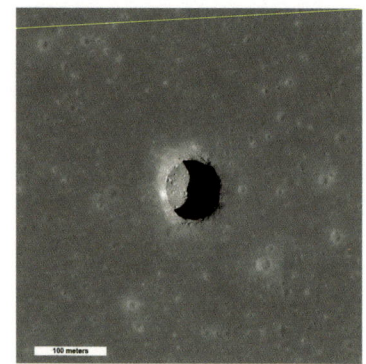
ⓒ NASA

핵심 단어 찾기 빈칸에 들어갈 알맞은 단어를 찾아 ☑ 표 하세요.

- 자연적으로 땅속에 생긴 깊고 넓은 큰 굴을 (　　)이라고 해요.

  ☐ 지하 동굴
  ☐ 인공 땅굴

- 달 표면에서 발견된 지하 동굴은 온도가 적당하고 우주 방사선을 피할 수 있어 미래 (　　)로 적합하다는 분석이 따랐어요.

  ☐ 우주선 발사 기지
  ☐ 달 탐사 기지

꼼꼼히 읽기 달 표면에서 발견된 지하 동굴에 대한 설명으로 틀린 것을 고르세요. (　　)

① 2024년 7월 이탈리아 연구팀이 국제학술지를 통해 동굴을 발견했다고 공개했다.
② 이번에 발견한 동굴은 1969년 인류 최초로 달에 발을 디딘 곳인 '고요의 바다'에 위치해 있다.
③ 달 표면과 지하 동굴 모두 낮과 밤의 온도 차가 최대 300℃까지 벌어진다.
④ 동굴 안에서는 우주 방사선과 사방에서 날아오는 운석을 피할 수 있다.

어휘 익히기 다음 초성 힌트와 설명을 보고 해당하는 어휘를 적어 보세요.

- ⓑ ⓢ ⓢ   방사성 원소의 붕괴에 따라 물체에서 방출되는 입자들. 알파선, 베타선, 감마선이 있다.

- ⓞ ⓞ   차나 배, 비행기, 우주선, 인공위성에 그것을 작동·운전하는 사람이 있음.

- ⓞ ⓢ   지구상에 떨어진 별똥. 대기 중에 돌입한 유성이 다 타버리지 않고 땅에 떨어진 것이다.

생각 곱씹기 사람이 거주할 수 있는 달 탐사 기지가 생기면 어떤 점이 좋을까요?

_____
_____
_____

인터넷 세상이 발칵! 클라우드 소동

> **미리보기사전**
> **클라우드(Cloud)**
> 인터넷과 연결된 저장소에 소프트웨어와 데이터를 저장하면 언제 어디서든 접속해서 이를 꺼내어 사용할 수 있어요.

2024년 7월 19일 마이크로소프트(MS) 클라우드에서 일어난 IT 대란이 전 세계를 덮쳤어요. 편하게 데이터를 보관하고 연결할 수 있는 클라우드가 고장 나면 어떤 일이 벌어지는지 알 수 있는 큰 사고였어요.

국내 저비용 항공사 등 10개 기업이 피해 입어

이번 사고는 MS의 클라우드 '애저(Azure)'와 연결된 외부 보안 프로그램이 MS의 운영 체제인 윈도와 충돌하면서 시작됐어요. 해외에서는 은행, 병원, 공항 등이 셧다운되어 피해가 컸지만 국내에서는 저비용 항공사와 게임사 등 10개 기업이 피해를 입었어요. MS는 "이번 사고로 약 850만 대의 기기가 영향을 받았다."고 밝혔어요. 사고를 일으킨 보안 프로그램을 배포한 건 사이버 보안 기업 크라우드 스트라이크로, 현재 170여 개 나라에 진출해 있어요.

클라우드 시스템 더 견고해질 것

기업이나 공공기관이 MS나 아마존 웹서비스에 일정한 금액을 내고 데이터 저장 공간을 빌려 사용하는 클라우드 전환은 거스를 수 없는 흐름이 됐어요. 이렇게 한곳에 모인 데이터를 바탕으로 새로운 비즈니스를 창출하는 클라우드는 디지털 시대의 인프라라고 할 수 있어요. 전문가들은 이번 사고로 클라우드 시장의 성장세가 꺾이지 않고, 오히려 보안 시스템이 더 견고해질 것으로 전망해요.

핵심 단어 찾기 빈칸에 들어갈 알맞은 단어를 찾아 ✅ 표 하세요.

- 언제 어디서든 인터넷에 접속하면 저장해 둔 데이터를 이용할 수 있는 것을 (　　)라고 해요.
  - ☐ 클라우드
  - ☐ 할리우드

- MS의 클라우드 애저와 연결된 외부 보안 프로그램이 MS의 운영 체제인 윈도와 충돌하면서 (　　)이 벌어졌어요.
  - ☐ IT 대란
  - ☐ 교통 대란

꼼꼼히 읽기 클라우드가 일으킨 IT 대란에 대한 설명으로 틀린 것을 고르세요. (　　)

① 2024년 7월 19일 MS 클라우드에서 일어난 IT 대란이 전 세계를 덮쳤다.
② 해외에서는 은행, 병원, 공항 등이 셧다운되어 피해가 컸다.
③ 국내에서는 저비용 항공사, 게임사 등 10개 기업이 피해를 입었다.
④ 전문가들은 이번 사고로 인해 클라우드 시장의 성장세가 꺾일 것이라고 전망했다.

어휘 익히기 다음 초성 힌트와 설명을 보고 해당하는 어휘를 적어 보세요.

- ㅅㄷㅇ　　전원 공급의 중단이나 사고 등의 이유로 컴퓨터 작동이 중지되는 일.
- ㅊㅊ　　전에 없던 것을 처음으로 생각하여 지어내거나 만들어 냄.
- ㅇㅍㄹ　　생산이나 생활의 기반을 형성하는 중요한 구조물.

생각 곱씹기 클라우드가 막히면 우리 사회에 어떤 일이 일어날까요?

킁킁, 스트레스 냄새에 민감한 반려견

> **미리보기 사전**
>
> **스트레스(Stress)**
> 적응하기 어려운 환경에 처할 때 느끼는 심리적·신체적 긴장 상태를 말해요.

반려견이 주인의 감정 변화에 민감하게 반응하는 것은 잘 알려진 사실이에요. 한데 사람이 스트레스를 받을 때 나는 냄새가 반려견의 감정을 비관적으로 만들 수 있다고 해요.

개 18마리에게 간식 그릇 위치 학습시켜

영국 브리스톨대 연구팀이 '사람의 스트레스 냄새가 개의 감정 상태와 학습에 미치는 영향'에 대한 연구 결과를 국제학술지에 공개했어요. 연구팀은 개 18마리에게 특정 위치에 그릇을 놓으면 간식이 있지만 다른 위치에 두면 그릇이 비어있다는 사실을 학습시켰어요. 그러자 개들은 간식이 있는 그릇 위치에 더 빨리 접근했어요. 다음으로 간식이 있는 그릇과 비어 있는 그릇 중간에 다른 그릇을 두고 개가 얼마나 빨리 접근하는지 관찰했어요.

스트레스 받은 사람의 냄새를 맡은 개는 느리게 접근

스트레스를 받은 사람의 호흡과 땀 냄새를 맡은 개는 중간 위치의 그릇에 느리게 접근했어요. 편안한 상태의 사람 호흡과 땀 냄새를 맡은 개는 접근 속도에 차이가 없었어요. 연구팀은 개가 중간 위치의 그릇에 빠르게 접근한 것은 음식이 있을 것이라는 낙관주의가, 느리게 접근한 것은 비관주의가 반영되었다고 봤어요. 개의 비관적 반응은 부정적인 감정 상태를 반영한다는 거예요.

핵심 단어 찾기 빈칸에 들어갈 알맞은 단어를 찾아 ✅ 표 하세요.

- 적응하기 어려운 환경에 처할 때 느끼는 심리적·신체적 긴장 상태를 (　　)라고 해요.
- 사람이 스트레스를 받을 때 나는 냄새가 (　　)의 감정을 비관적으로 만들 수 있다는 연구결과가 나왔어요.

☐ 리프레시
☐ 스트레스
☐ 반려견
☐ 물고기

꼼꼼히 읽기 스트레스 냄새가 개에게 주는 영향에 대한 설명으로 <u>틀린</u> 것을 고르세요. (　　)

① 영국 브리스톨대 연구팀이 연구 결과를 국제학술지에 공개했다.
② 특정 위치에 그릇을 놓으면 간식이 있지만 다른 위치에 두면 그릇이 비어있다는 사실을 학습시켰다.
③ 사람의 스트레스 냄새를 맡은 개는 중간에 있는 그릇에 빠르게 접근했다.
④ 개가 중간에 있는 그릇에 느리게 접근하면 비관주의가 반영된 것으로 봤다.

어휘 익히기 다음 초성 힌트와 설명을 보고 해당하는 어휘를 적어 보세요.

- ㅂㄱㅈㅇ　　인생을 어둡게만 보아 슬퍼하거나 절망스럽게 여기는 태도.
- ㄴㄱㅈㅇ　　세상과 인생을 희망적으로 밝게 보는 생각이나 태도.
- ㅂㅇ　　　　다른 것에 영향을 받아 어떤 현상이 나타남.

생각 곱씹기 반려견도 스트레스를 받아요. 반려견의 스트레스를 해소시킬 나만의 방법을 생각해 보세요.

소변을 식수로 마실 수 있다면?

> **미리 보기 사전**
>
> **소변 정화**
> 오줌을 깨끗하게 하는 것을 말해요.

소변을 식수로 바꿀 수 있는 첨단 우주복이 개발되었어요. 식수를 몸에 지니고 이동하는 우주에서 매우 요긴할 것 같긴 한데…. 정말 내 소변을 마셔도 괜찮은 걸까요?

우주복에 장착된 소변 정화 시스템

2024년 7월 영국 일간지 가디언은 미국 코넬대 연구팀이 첨단 우주복을 개발했다고 보도했어요. 이 우주복은 소변을 모아 정화한 뒤, 다시 마실 수 있도록 설계됐어요. 우주 비행사가 소변을 보면 그 즉시 우주복에 장착된 소변 정화 시스템의 전원이 켜져요. 속옷 안에 있는 실리콘 컵에 소변이 모이면 정화 시스템은 소변을 물과 소금으로 분리하기 시작해요. 500mL의 소변을 수집하고 정화하는 데 걸리는 시간은 5분 남짓이에요.

2026년 달 탐사 프로젝트 활용 기대

소변 정화 시스템은 가로 38cm, 세로 23cm, 무게는 8kg으로, 우주복 뒷면에 부착해서 사용해요. 이 우주복의 공동개발자인 소피아 에틀린 박사는 "현재 사용하는 우주복 안에는 물이 1L밖에 들어가지 않는다. 이는 사람이 10시간 이상 우주 유영하는 데 충분하지 않다."고 지적했어요. 연구팀은 2026년 달 남극에 우주비행사의 착륙을 계획한 미 항공우주국의 '달 탐사 프로젝트'에 이 우주복이 쓰이길 기대하며 100명의 지원자를 모집해 기능성을 시험할 계획이에요.

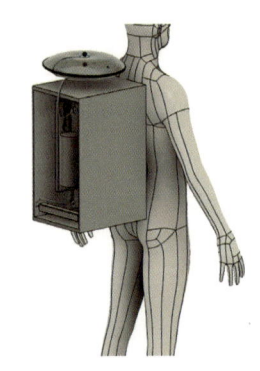

출처 : 코넬대 연구팀

핵심 단어 찾기 빈칸에 들어갈 알맞은 단어를 찾아 ✓ 표 하세요.

- 오줌을 깨끗하게 하는 것을 (　　)라고 해요.
- 소변을 식수로 바꿀 수 있는 첨단 (　　)이 개발되었어요.

☐ 소변 폐기
☐ 소변 정화
☐ 우주복
☐ 물통

꼼꼼히 읽기 소변 정화 시스템이 장착된 우주복에 대한 설명으로 <u>틀린</u> 것을 고르세요. (　　)

① 이 우주복은 소변을 모아 정화한 뒤 다시 마실 수 있도록 설계되어 있다.
② 우주 비행사가 소변을 보기 시작하면 우주복에 장착된 소변 정화 시스템의 전원이 켜진다.
③ 속옷 안에 있는 실리콘 컵에 소변이 모이면 정화 시스템은 소변을 물과 설탕으로 분리한다.
④ 500mL의 소변을 수집하고 정화하는 데 5분밖에 걸리지 않는다.

어휘 익히기 다음 초성 힌트와 설명을 보고 해당하는 어휘를 적어 보세요.

- ㅈㅊ　　　　의복, 기구, 장비에 장치를 부착함.
- ㅇㅈ ㅇㅇ　　우주 비행사가 우주 공간을 비행하는 중에 우주선 밖으로 나와 무중력 상태에서 행동하는 일.
- ㅍㄹㅈㅌ　　연구나 사업 또는 그 계획.

생각 곱씹기 여러분의 소변을 깨끗이 정화해서 마신다면 어떤 느낌일까요?

특명! AI로 야생동물 로드킬을 막아라

> **미리보기 사전**
>
> **로드킬(Roadkill)**
> 동물이 도로에 나왔다 자동차 등에 치여 죽는 일을 말해요. '동물 찻길 사고'라고도 해요.

최근 5년(2019~2023년) 동안 고속도로에서 일어난 로드킬 사고는 모두 6,078건이었어요. 로드킬 사고는 5월과 6월에 가장 많았고, 로드킬을 많이 당한 동물은 고라니였어요. 그런데 인공지능(AI) 기술로 로드킬을 줄일 수 있는 방법이 개발되었다고 해요.

AI로 야생동물 판독해 전광판으로 알려

포스코그룹의 계열사인 포스코DX가 인공지능 기술로 로드킬 사고 예방에 나섰어요. 포스코DX가 개발한 '동물 찻길 사고 예방 및 모니터링 시스템'은 먼저 스마트 폐쇄회로(CCTV)로 도로에 출현한 야생동물을 감지해요. 그다음 영상을 AI로 판독·분석한 뒤 해당 구간을 지나는 운전자들에게 전광판으로 주의를 알려요. 이 시스템은 빅데이터를 활용해 야생동물의 출몰 가능성까지 예측해 알려 줄 수 있어요.

오대산 국립 공원과 경기 양평 일대에 설치

이 시스템은 2023년 한려해상국립공원 남해 상주·금산 지구에서 시범적으로 운영됐어요. 2024년 5월까지 운영한 결과 오소리·고라니 등의 야생동물이 163건 출현했지만, 로드킬 사고는 단 한 건도 발생하지 않았어요. 또 해당 구간을 지나는 차량의 속도도 평균적으로 35% 이상 줄어드는 효과가 있었어요. 곧 오대산 국립 공원 부근과 경기 양평 일대의 로드킬 사고 다발 구간에 이 시스템을 설치할 예정이에요.

핵심 단어 찾기 빈칸에 들어갈 알맞은 단어를 찾아 ✓ 표 하세요.

- 동물이 도로에 나왔다가 자동차 등에 치여 죽는 일을 (　　)이라고 해요.

☐ 로드킬
☐ 로드맵

- 포스코DX가 (　　) 기술로 로드킬 사고 예방에 나섰어요.

☐ 인공지능
☐ 인공위성

꼼꼼히 읽기 로드킬과 예방 시스템에 대한 설명으로 <u>틀린</u> 것을 고르세요. (　　)

① 로드킬 사고는 5월과 6월에 가장 많았다.
② 로드킬을 많이 당한 동물은 멧돼지였다.
③ 예방 시스템은 먼저 CCTV로 도로에 출현한 야생동물을 감지하고, 영상 인식 AI로 판독·분석한다.
④ 그 뒤에 해당 구간을 지나는 운전자들에게 전광판으로 알려 주게 된다.

어휘 익히기 다음 초성 힌트와 설명을 보고 해당하는 어휘를 적어 보세요.

- ㄱㅈ　　느끼어 앎.

- ㅈㄱㅍ　　여러 개의 전구를 배열하고 전류를 통하여 그림이나 문자 등이 나타나도록 만든 판.

- ㄷㅂ　　많이 발생함.

생각 곱씹기 앞으로 또 인공지능이 쓰일 만한 곳을 예상해 한 가지만 적어 보세요.

185

화성에서 고대 생명체 흔적 발견!

> **미리보기사전**
> **생명체**
> 생명이 있는 물체를 뜻해요. 인류는 제2의 지구를 찾기 위해 다른 행성에서 생명체의 흔적을 찾고 있어요.

미 항공우주국의 탐사선인 퍼서비어런스 로버가 화성 탐사 중 고대 생명체의 흔적으로 보이는 암석을 발견했어요. 과거 화성에 생명체가 있었다면 지금도 생명체가 있을 가능성이 높아서 과학계가 주목하고 있어요.

© NASA

화성의 암석에서 흰 줄무늬 발견

퍼서비어런스 로버는 2024년 7월 물이 만든 폭 400m의 고대 계곡을 탐사하던 중 생명체의 흔적이 남아있는 암석을 채취했어요. 이 암석은 가로 1m, 세로 0.6m 크기의 붉은색 암석으로 화살촉 형태를 띠어요. 암석에서는 물이 바위틈을 따라 흐르며 황산칼슘이 침착된 것으로 추정되는 흰색 줄무늬가 관찰되었는데요. 나사 연구진은 흰색 줄무늬 사이에서 철과 인산염으로 둘러싸인 밝은 얼룩도 발견했어요.

시료 가져와야 확증 가능

전문가들은 이 흔적이 지하에 사는 미생물이 화석화된 것과 관련이 있다고 보고 있어요. 철과 인산염으로 이뤄진 이런 얼룩은 미생물이 만드는 화학 반응의 결과라는 거예요. 지구에서 종종 발견되는 미생물 화석과 비슷하지만, 구체적인 확증은 지구로 암석 시료를 가져와 분석해야 알 수 있어요. 하지만 화성에서 채취한 시료를 지구로 가져오는 계획이 지연돼 지금 바로 생명체 여부를 확인하기는 어려울 전망이에요.

핵심 단어 찾기 빈칸에 들어갈 알맞은 단어를 찾아 ✓ 표 하세요.

- 생명이 있는 물체를 (   )라고 해요.

- 퍼서비어런스 로버가 화성에서 탐사 중 (   )의 흔적으로 보이는 암석을 발견했어요.

☐ 무생물체
☐ 생명체
☐ 고대 생명체
☐ 현대 생명체

꼼꼼히 읽기 퍼서비어런스 로버의 화성 탐사에 대한 설명으로 <u>틀린</u> 것을 고르세요. (   )

① 물이 만든 폭 400m의 고대 계곡을 탐사하는 과정에서 생명체의 흔적이 남아있는 암석을 채취했다.

② 암석에서는 용암이 바위틈을 따라 흐르며 황산칼슘이 침착된 것으로 추정되는 검은 줄무늬가 발견됐다.

③ 연구진은 흰색 줄무늬 사이에서 철과 인산염으로 둘러싸인 밝은 얼룩도 발견했다.

④ 전문가들은 이 흔적이 지하에 사는 미생물이 화석화된 것과 관련 있다고 본다.

어휘 익히기 다음 초성 힌트와 설명을 보고 해당하는 어휘를 적어 보세요.

- ㅎㅅ   지질 시대에 생존한 동식물의 유해와 흔적이 보존되어 남아 있는 것을 통틀어 이르는 말.

- ㅁㅅㅁ   눈으로는 볼 수 없는 아주 작은 생물.

- ㅅㄹ   시험, 검사, 분석에 쓰는 물질이나 생물.

생각 곱씹기 이번에 발견된 것이 생명체의 흔적이 맞다면 앞으로 화성 탐사는 어떤 방향으로 진행될까요?

_____

_____

이런 풍력 발전기는 처음이지?

> **미리보기 사전**
> **풍력 발전**
> 바람의 힘을 이용해 발전기를 돌려 전기 에너지를 생산하는 방법을 말해요.

풍력 발전기라고 하면 어떤 모습이 떠오르나요? 기다란 날개로 허공을 휭휭 도는 커다란 발전기가 떠오를 텐데요. 노르웨이에서 기존의 풍력 발전기와 다른 새로운 풍력 발전기를 개발했다고 해요.

소형 풍력 발전기 수십 개를 벽처럼 배치

2024년 7월 노르웨이 기업 '윈드 캐칭 시스템스(WCS)'는 개발 중인 풍력 발전기 '윈드 캐처'가 국제공인기관의 인증을 받았다고 밝혔어요. 윈드 캐처는 곧 실물로 만들어져 설치될 예정이에요. 윈드 캐처는 바람개비 모양의 소형 풍력 발전기 수십 개가 벽처럼 이루어진 형태예요. 이러한 풍력 발전기를 설계한 이유는 바람개비를 구성하는 3개의 날개를 쉽게 운반할 수 있기 때문이에요.

운반 쉽고 에너지 많이 얻도록 설계

풍력 발전기로 에너지를 최대한 많이 만들려면 날개가 길어야 해요. 날개가 길수록 바람을 받는 면적이 넓어지기 때문이에요. 하지만 날개가 길면 제작 과정이 길고 운반도 어려워요. 그래서 WCS는 소형 풍력 발전기 여러 개를 빽빽하게 배치해 운반을 쉽게 하면서도, 거대한 풍력 발전기와 비슷한 에너지를 얻도록 설계했어요. 여러 개의 소형 풍력 발전기가 함께 돌아가기 때문에 몇 개가 고장 나도 계속해서 에너지를 얻을 수 있어요.

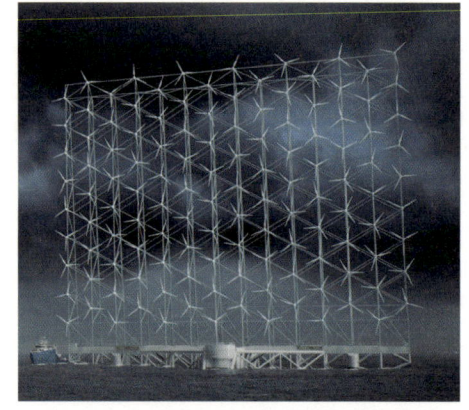

출처 : 윈드 캐칭 시스템스 누리집 갈무리

핵심 단어 찾기 빈칸에 들어갈 알맞은 단어를 찾아 ☑ 표 하세요.

- 바람의 힘을 이용해 발전기를 돌려 전기 에너지를 생산하는 방법을 ( )이라고 해요.
  ☐ 풍력 발전
  ☐ 조력 발전

- 노르웨이 기업 '윈드 캐칭 시스템스(WCS)'는 개발 중인 풍력 발전기 ( )가 국제공인기관의 인증을 받았다고 밝혔어요.
  ☐ 윈드 캐처
  ☐ 윈드 브레이커

꼼꼼히 읽기 풍력 발전과 윈드 캐처에 대한 설명으로 틀린 것을 고르세요. ( )

① 윈드 캐처는 네덜란드 기업 '윈드 캐칭 시스템스(WCS)'가 개발 중인 풍력 발전기 이름이다.
② 윈드 캐처는 바람개비 모양의 소형 풍력 발전기 수십 개가 벽처럼 배치돼 있는 모습이다.
③ 풍력 발전기의 날개가 길수록 바람을 받을 수 있는 면적이 넓다.
④ 풍력 발전기의 날개가 길면 제작 과정이 길어지고 운반도 어렵다.

어휘 익히기 다음 초성 힌트와 설명을 보고 해당하는 어휘를 적어 보세요.

- ㅅㅁ   실제로 있는 물건이나 사람.

- ㅅㅎ   같은 종류의 사물 가운데 작은 규격이나 규모.

- ㅅㄱ   건축·토목·기계를 제작할 때 목적에 따라 계획을 세워 도면으로 만드는 일.

생각 곱씹기 윈드 캐처가 널리 보급되면 풍력 발전의 비중이 늘어날까요?

189

미생물로 뚝딱 만드는 달걀

미리 보기 사전

대체재
서로 대신 쓸 수 있는 관계에 있는 두 가지의 재화를 말해요. 쌀과 밀가루, 만년필과 연필, 버터와 마가린 등이 대체재 관계예요.

카이스트(KAIST) 연구팀이 미생물을 이용해 달걀을 대체할 물질을 만드는 데 성공했어요. 이제 닭 없이도 달걀을 얻을 수 있게 되었어요.

동물 윤리와 온실가스가 문제였던 달걀

달걀 한 판(30알)에 7천 원. 전보다 가격이 많이 올랐지만 맛 좋고 영양 성분이 풍부한 달걀은 여전히 가성비 좋은 음식 재료예요. 그러나 대부분의 달걀은 좁은 우리에 닭을 몰아넣고 키우는 '공장식 축산'으로 얻다보니 동물 윤리 문제가 늘 따라다녔어요. 닭을 키우는 과정에서 온실가스도 나오고요. 그런데 이제는 미생물을 이용해 달걀 대체재를 만들 수 있게 됐어요.

영양적으로도 우수해

미생물은 같은 질량으로 따졌을 때 단백질 함량이 육류만큼 많아요. 증식 과정에서 가축보다 이산화탄소를 적게 배출하고 물과 토지도 덜 필요해요. 이러한 장점을 파악한 카이스트 연구팀은 미생물을 모은 덩어리로 달걀 대체재를 만들었어요. 연구팀 이상엽 교수는 "미생물 달걀이 영양학적으로도 우수해서 식량으로 사용할 수 있고, 우주 여행이나 전시 상황에서 비상식량으로 사용할 수 있을 것."이라고 밝혔어요.

핵심 단어 찾기 빈칸에 들어갈 알맞은 단어를 찾아 ✅ 표 하세요.

- 서로 대신 쓸 수 있는 관계에 있는 두 가지의 재화를 (　　)라고 해요.
- 카이스트 연구팀이 미생물을 이용해 (　　)을 대체할 물질을 만드는 데 성공했어요.

☐ 대체재
☐ 보완재
☐ 달걀
☐ 생선

꼼꼼히 읽기 미생물로 만든 달걀 대체재에 대한 설명으로 <u>틀린</u> 것을 고르세요. (　　)

① 카이스트 연구팀이 미생물로 달걀을 대체할 물질을 개발했다.
② 미생물은 같은 질량으로 따졌을 때 단백질 함량이 육류만큼 많다.
③ 미생물이 증식하는 과정에서 가축보다 이산화탄소를 적게 배출한다.
④ 영양적으로 부족해서 앞으로 사용될 가능성은 적다.

어휘 익히기 다음 초성 힌트와 설명을 보고 해당하는 어휘를 적어 보세요.

- ⓓⓒ　　　　　다른 것으로 대신함.

- ⓖⓩⓢ　　　　생산비를 낮추고 가격 경쟁력을 높이기 위해 가축을 좁은 장소에
  ⓒⓢ　　　　모아 기르는 축산.

- ⓑⓢⓢⓡ　　긴급한 사태가 일어났을 때에 쓰기 위하여 마련하여 둔 식량.

생각 곱씹기 식품 가운데 대체재 관계에 있는 식품을 한 쌍 찾아 적어 보세요.

191

달콤한 스무디에 각설탕이 수두룩

미리보기 사전

스무디(Smoothie)
과일, 주스, 요구르트를 함께 갈아 만든 음료를 말해요.

여름에 카페에 가면 시원한 주스와 스무디를 마시는 사람을 자주 볼 수 있죠? 그런데 스무디 한 컵에 들어 있는 당의 함량이 무려 각설탕 17개 분량에 달한다고 해요.

청소년이 자주 찾는 학원가 음료 전문점 중점 조사

2024년 7월 서울시보건환경연구원은 중·소형 음료 전문점의 스무디 93종의 조사 결과를 발표했어요. 그동안 대형 카페의 경우 손님이 음료의 영양 성분을 직접 확인할 수 있었지만, 소형 카페의 경우 음료의 영양 성분을 찾아볼 수 없었어요. 특히 청소년이 자주 찾는 학원가 인근 카페를 중점 조사한 결과 스무디 한 컵에 들어 있는 당 함량은 평균 52.2g, 각설탕 17개 분량인 것으로 나타났어요.

설탕은 염증을 유발하고 인체 조직 산화시켜

한국인의 영양소 섭취 기준으로 보면 스무디 한 컵만 마셔도 하루 당 섭취 기준치의 절반 이상을 먹게 되는 셈이에요. 설탕은 사람 몸에 들어가면 포도당 분자로 바뀌어 단백질이나 지방 분자와 결합해요. 이는 염증을 유발하고 인체 조직을 산화시켜요. 산화는 노화의 주요 원인이고요. 세계보건기구(WHO)는 가공식품을 통한 당류 섭취를 총 섭취 열량의 5%(2,000kcal 기준 25g) 미만으로 줄일 것을 권고하고 있어요. 앞으로 스무디를 마실 때에는 당도를 '덜 달게'로 조절하는 방법을 추천해요.

핵심 단어 찾기 빈칸에 들어갈 알맞은 단어를 찾아 ✓ 표 하세요.

- 과일, 주스, 요구르트를 함께 갈아 만든 음료를 (　　)라고 해요.
- 스무디 한 컵에 들어 있는 당이 무려 (　　) 17개 분량에 달하는 것으로 나타났어요.

☐ 슬러시
☐ 스무디
☐ 각설탕
☐ 흑설탕

꼼꼼히 읽기 스무디에 대한 설명으로 <u>틀린</u> 것을 고르세요. (　　)

① 서울시보건환경연구원은 중·소형 음료 전문점의 스무디 93종을 조사한 결과를 발표했다.
② 작은 음료 전문점의 음료는 손님이 따로 조사하기 전에는 영양 성분을 알 수가 없었다.
③ 스무디 한 컵에 들어 있는 당 함량은 평균 52.2g였다.
④ 스무디 한 컵만 마셔도 1일 당 섭취 기준치의 3분의 1 이하를 먹는 셈이다.

어휘 익히기 다음 초성 힌트와 설명을 보고 해당하는 어휘를 적어 보세요.

- ㅇㅇ ㅅㅂ　생물이 살아가는 데 필요한 에너지와 몸을 구성하는 성분.
- ㅅㅊ　생물체가 양분 등을 몸속에 빨아들이는 일.
- ㅇㅈ　생체 조직이 손상을 입었을 때에 몸 안에서 일어나는 방어적 반응.

생각 곱씹기 스무디를 건강하게 먹을 수 있는 나만의 레시피가 있다면 소개해 보세요.

AI로 똑똑해진 파리 올림픽

미리보기 사전

인공지능(AI)
인간의 지능이 가지는 학습, 추리, 적응 등의 기능을 갖춘 컴퓨터 시스템을 말해요. 인공지능을 통해 컴퓨터나 로봇이 인간처럼 지능적인 행동을 하게 돼요.

2024 파리 올림픽은 인공지능(AI)을 활용한 첫 번째 올림픽으로 기록될 전망이에요. 그동안 일부 스포츠 종목에서 인공지능을 접목한 사례는 있었지만, 대회 전반에 도입하는 것은 이번이 처음이었거든요. 올림픽의 어떤 부분에 인공지능이 활용되었는지 알아볼까요?

선수와 관계자의 SNS 계정을 살피다

국제올림픽위원회(IOC)는 파리 올림픽 기간 동안 인공지능을 활용해 참가 선수와 관계자의 SNS 계정을 35개 이상 언어로 살폈어요. 악질적 게시물이 발견되면 바로 신고해 선수들이 경기에 집중하도록 도왔어요. 또한 인공지능 챗봇은 파리의 식사 장소나 이동 수단 등에 대한 정보를 제공하고 선수나 관중의 질문에 실시간으로 답변해 올림픽의 원활한 운영을 지원했어요.

체조 선수들의 움직임 3차원으로 판독

체조 종목에서는 인공지능 기술을 통해 선수들의 움직임을 3차원으로 재현해 심판들에게 참고용으로 제공했어요. 인공지능이 빠르게 움직이는 체조 선수의 움직임을 분석해 동작의 정확성과 회전수 등을 확인한 거예요. 또 프랑스 정부는 테러 감시에 인공지능 카메라를 활용했어요. 곳곳에 설치한 인공지능 카메라가 실시간으로 이상 행동, 버려진 물건 감시, 유해 물체 발견 등 8가지 상황을 감지해 경찰에 알렸어요. 이를 위해 올림픽 개막 몇 달 전부터 기차역과 축구장 등에서 시범 운영하기도 했어요. 앞으로 열릴 올림픽 및 국제 대회 등에도 인공지능이 많이 활용될 것으로 보여요.

핵심 단어 찾기 빈칸에 들어갈 알맞은 단어를 찾아 ☑ 표 하세요.

- (   )은 인간의 지능이 가지는 학습, 추리, 적응 등의 기능을 갖춘 컴퓨터 시스템을 말해요.
- 2024년 열린 (   )은 인공지능을 활용한 사상 첫 올림픽으로 기록될 전망이에요.

☐ 인공지능
☐ 인공위성
☐ 도쿄 올림픽
☐ 파리 올림픽

꼼꼼히 읽기 파리 올림픽의 인공지능 활용에 대한 설명으로 <u>틀린</u> 것을 고르세요. (   )

① 인공지능을 활용해 선수와 관계자의 SNS 계정을 35개 이상 언어로 모니터링했다.
② 인공지능 챗봇은 프랑스 전역의 식사 장소에 대한 정보를 실시간으로 제공했다.
③ 체조에서는 인공지능 기술을 통해 선수들의 움직임을 3차원으로 재현해 심판들에게 제공했다.
④ 테러 감시에 인공지능 카메라를 활용했다.

어휘 익히기 다음 초성 힌트와 설명을 보고 해당하는 어휘를 적어 보세요.

- ㅇㅈㅈ   바탕이나 성질이 좋지 않은 것.
- ㅈㅎ   다시 나타남. 또는 다시 나타냄.
- ㅌㄹ   폭력을 써서 적이나 상대편을 위협하거나 공포에 빠뜨리게 하는 행위.

생각 곱씹기 여러분의 생활 속에서 인공지능이 해 줬으면 하는 일은 무엇인가요? 이유와 함께 적어 보세요.

_____
_____
_____

어휘 한눈에 보기

과학 기사에 등장한 한자어와 순우리말 어휘를 정리해 보아요. 한자처럼 보이지만 순우리말인 경우도 있고 순우리말처럼 보이는 말이 한자어인 경우도 있으니 꼼꼼하게 살펴보세요.

 과학 기사에서 눈여겨보면 좋을 **한자어**

점화
點 점찍을 점
火 불 화

연료를 폭발시키기 위해 가스체에 가열 또는 전기 불꽃을 접촉시킴.

여론
輿 수레 여
論 논의할 론(논)

사회 대중의 공통된 의견.

조작
造 지을 조
作 지을 작

어떤 일을 사실인 듯이 꾸며 만듦.

정비
整 가지런할 정
備 갖출 비

기계나 설비가 제대로 작동하도록 보살피고 손질함.

교신
交 사귈 교
信 믿을 신

전신, 전화 등으로 정보나 의견을 주고받음.

혈액형
血 피 혈
液 진 액
型 거푸집 형

혈액의 유형.

투여
投 던질 투
與 더불 여

약 등을 환자에게 복용시키거나 주사함.

헌혈
獻 바칠 헌
血 피 혈

피를 뽑아 줌.

비약적
飛 날 비
躍 뛸 약
的 과녁 적

지위나 수준이 갑자기 높아지거나 향상되는 것.

귀추
歸 돌아올 귀
趨 달릴 추

일이 되어 가는 형편.

설
說 말씀 설

견해, 주의, 학설 등을 이르는 말.

배포
配 짝 배
布 베 포

널리 나누어 줌.

식수
食 먹을 식
水 물 수

먹는 물.

요긴하다
要 중요할 요
緊 팽팽할 긴

꼭 필요하고 중요하다.

정화
淨 깨끗할 정
化 될 화

불순하거나 더러운 것을 깨끗하게 함.

출몰
出 날 출
沒 잠길 몰

나타났다 사라졌다 함.

증식
增 더할 증
殖 번성할 식

생물이나 조직 세포 등이 세포 분열로 수를 늘려 감.

접목
接 접할 접
木 나무 목

둘 이상의 다른 것 알맞게 조화하게 함.

과학 기사에서 눈여겨보면 좋을 순우리말

- **끊이다** (주로 부정어와 함께) 계속하거나 이어져 있던 것이 끊어지게 되다.
- **다하다** 수명 등이 끝나다.
- **꽁무니** 사물의 맨 뒤나 맨 끝.
- **사뿐히** 매우 가볍게 움직이는 모양.
- **뽐내다** 자신의 어떠한 능력을 보라는 듯이 자랑하다.
- **구덩이** 땅이 움푹하게 파인 곳.
- **막히다** 꼼짝 못 하게 되어 하려던 것을 못하게 되다.
- **고라니** 한국, 중국의 만주 등지에 분포하는 사슴과의 하나.
- **얼룩** 액체 등이 묻거나 스며들어 생긴 자국.
- **바람개비** 종이를 여러 갈래로 자르고 그 귀를 구부려 한데 모아 철사 등을 꿰어 긴 막대에 붙인 모양의 장난감.
- **우리** 짐승을 가두어 기르는 곳.

환경

- 포경
- 농업 탄소세
- 너구리
- 기후 수능
- 외래종

무분별한 고래 사냥을 멈춰!

> **미리 보기 사전**
>
> **포경**
> 고래 잡는 일을 말해요. 우리나라에서는 상업적 목적으로 고래를 포획하는 행위를 금지하고 있어요.

 2024년 5월 일본 수산청이 이미 포경을 한 고래 3종(밍크·브라이드·세이고래) 외에 참고래의 포경까지 허용하겠다고 밝혔어요. 길이가 약 23m에 이르는 참고래는 대왕고래 다음으로 큰 포유류로, 세계자연보전연맹(IUCN)이 멸종 위기 취약종으로 분류한 고래예요.

멸종 위기종까지 잡겠다는 일본

 1986년 국제포경위원회(IWC)는 고래 자원을 보존시키자는 취지로 국제협약을 통해 상업적인 포경을 금지했어요. 그런데 2019년 일본이 국제포경위원회(IWC)를 탈퇴한 뒤 포경을 다시 시작했어요. 그러고선 이번에 멸종 위기 취약종인 참고래까지 잡겠다고 나선 거예요. 최근에는 초대형 포경 선박인 '간게이 마루'를 만들어 첫 출항에 나섰어요. 9,300톤 규모의 간게이 마루는 참고래와 같은 큰 고래를 포획 후 보관하기 용이하도록 만들어졌어요.

고래의 역할은 바다 생태계 균형 유지

 일본 수산청의 참고래 포경 결정과 간게이 마루의 출항에 국제 사회의 비판이 거세요. 세계고래류연맹(WCA)은 "21세기에 상업 포경은 정당화될 수 없다. 순전히 소수의 이익을 위해 존재하는 비인도적인 관행이다."라고 비판했어요. 고래 한 마리는 평생 약 33톤의 이산화탄소를 몸속에 저장해요. 온실가스를 줄이는 데 큰 역할을 하는 거예요. 게다가 고래는 바다 생태계 먹이사슬의 정점에 위치해, 생태계 균형을 유지하는 데 중요한 역할을 해요.

핵심 단어 찾기 빈칸에 들어갈 알맞은 단어를 찾아 ☑ 표 하세요.

- 고래를 잡는 일을 (　　)이라고 해요.

- 일본 수산청이 이미 포경을 하고 있는 고래 3종 외에 추가로 (　　)까지 잡는 것을 허용하겠다고 밝혔어요.

☐ 포병
☐ 포경
☐ 참고래
☐ 돌고래

꼼꼼히 읽기 일본의 포경에 대한 설명으로 틀린 것을 고르세요. (　　)

① 2019년 일본은 국제포경위원회(IWC)를 탈퇴한 뒤 포경을 다시 시작했다.
② 현재 일본이 포경하고 있는 고래는 밍크고래·브라이드고래·세이고래다.
③ 일본 수산청은 멸종 위기 취약종인 참고래는 잡지 않겠다고 발표했다.
④ 일본의 초대형 포경 선박인 '간게이 마루'는 첫 출항에 나섰다.

어휘 익히기 다음 초성 힌트와 설명을 보고 해당하는 어휘를 적어 보세요.

- ㅅㅇㅈ　　상품을 사고파는 행위를 통하여 이익을 얻음.

- ㅁㅈㅇㄱ　　생물의 한 종류가 아주 없어질 위험한 고비나 시기.

- ㅂㅇㄷㅈ　　사람으로서의 도리에 어긋남.

생각 곱씹기 상업적 포경을 허용한 일본 정부에 하고 싶은 말을 적어 보세요.

_____

_____

_____

독도를 점령한 불청객

> **미리보기 사전**
> **집쥐**
> 쥣과의 하나로, 등 쪽은 갈색이고 몸 아래쪽과 발은 잿빛을 띤 흰색이에요. 야행성으로 하수구 등지에 살아요.

독도에는 어떤 종류의 포유류가 살까요? 2023년에 발간된 '독도 생태계 모니터링 보고서'를 보면 독도의 포유류로는 사람과 독도경비대가 기르는 삽살개, 부채 바위 근처에서 관찰된 물개 1마리가 있는데요. 그 외에 2021년 기준 100~150마리 정도로 추산되는 '이 동물'이 살고 있어요.

독도의 생태계를 교란하는 집쥐

이 동물은 바로 집쥐예요. 현재 독도에서 개체수가 가장 많은 포유류예요. 원래 독도에는 집쥐가 없었는데, 2010년 집쥐의 사체가 발견되면서 집쥐의 유입이 처음 확인됐어요. 독도에서 공사가 진행되면서 공사 물자를 실은 배를 타고 들어왔거나 근처 바다를 지나가던 배에서 내려 헤엄쳐 들어온 것으로 추측돼요. 독도의 집쥐가 문제가 되는 것은 독도의 고유한 생태계를 교란하기 때문이에요.

철새의 알과 새끼를 먹고 번식력 강해

집쥐는 독도를 찾는 철새인 바다제비, 괭이갈매기의 알과 새끼를 먹어 치우고 있어요. 또 이들의 배설물을 통해 사람이 질병에 걸릴 우려도 있어요. 집쥐는 잡식성인 데다 번식력이 매우 강해요. 암수 한 쌍이 1년에 460마리의 새끼를 낳을 정도예요. 대구지방환경청은 집쥐를 박멸하는 것은 불가능해, 적절히 개체수를 관리하며 추가 유입을 막는 데 주력할 계획이에요.

핵심 단어 찾기 빈칸에 들어갈 알맞은 단어를 찾아 ✓ 표 하세요.

- 독도에 사는 포유류 중 가장 많은 개체수를 가진 동물은 (　　)예요.
- 독도의 집쥐가 문제가 되는 것은 독도의 고유한 (　　)를 교란하고 있기 때문이에요.

☐ 집쥐
☐ 고양이
☐ 생태계
☐ 문화

꼼꼼히 읽기 독도의 집쥐에 대한 설명으로 틀린 것을 고르세요. (　　)

① 2021년 기준 집쥐는 100~150마리 정도로 추산된다.
② 집쥐는 독도에서 개체수가 가장 적은 포유류다.
③ 2010년 집쥐의 사체가 발견되면서 처음 확인됐다.
④ 집쥐는 독도를 찾는 철새인 바다제비, 괭이갈매기의 알과 새끼를 먹어치우고 있다.

어휘 익히기 다음 초성 힌트와 설명을 보고 해당하는 어휘를 적어 보세요.

- ㅇㅎㅅ　　낮에는 쉬고 밤에 활동하는 동물의 습성.
- ㄱㄹ　　마음이나 상황을 뒤흔들어서 어지럽고 혼란하게 함.
- ㅂㅁ　　모조리 잡아 없앰.

생각 곱씹기 해로운 동물은 모두 박멸해도 될까요? 자신의 의견을 적어 보세요.

_____
_____
_____

활활 불타오른 세계 최대 습지

> **미리보기사전**
> **판타나우(Pantanal)**
> 남아메리카의 파라과이강 유역에 형성된 세계에서 가장 큰 습지예요. 인간의 접근이 어려워 다양한 야생동물이 서식하고 있어 생태계의 보고라 불려요.

세계 최대의 열대 습지인 판타나우에서 화재가 이어지고 있어요. 브라질 리우데자네이루 연방대학의 위성 감시 프로그램에 따르면 2024년 1월 1일부터 6월 9일까지 서울의 5.6배에 해당하는 면적이 불탔어요.

2023년보다 9배나 많이 일어난 화재

피해 면적은 집계를 시작한 2012년 이후 가장 큰 규모예요. 6월 9일까지 일어난 화재 건수는 2023년 같은 기간보다 9배 많았어요. 화재의 원인은 대부분 인재로 추정돼요. 가축 사육을 위한 목초지 확보를 위해 불을 지른 것이 화재로 번진 사례가 많기 때문이에요. 게다가 극한 가뭄이 이어지면서 화재가 발생하면 바짝 마른 풀이 불쏘시개 역할을 하면서 대형 화재로 번졌어요. 더구나 화재가 번진 시점이 브라질의 건기여서 그 피해가 더 컸어요.

전 세계 습지의 약 3% 차지

판타나우는 세계 최대의 생물 다양성을 자랑하는 지역이에요. 이곳에는 35만 종의 식물과 1,300종의 동물이 서식하고 있어요. 판타나우는 우기인 11~3월에는 4분의 3이 물에 잠기고, 건기인 4~9월에는 물이 빠지는 독특한 지형의 땅이에요. 판타나우의 20만㎢에 달하는 습지는 전 세계 습지의 약 3%에 해당하며 지구 온실가스 흡수에 있어 중요한 역할을 해요.

핵심 단어 찾기 빈칸에 들어갈 알맞은 단어를 찾아 ✅ 표 하세요.

- (   )는 남아메리카의 파라과이강 유역에 형성된 세계에서 가장 큰 습지예요.

- 세계 최대의 열대 습지인 판타나우에서 (   )가 이어지고 있어요.

☐ 판타나우
☐ 사하라
☐ 홍수
☐ 화재

꼼꼼히 읽기 판타나우에 대한 설명으로 틀린 것을 고르세요. (   )

① 올해 1월 1일부터 6월 9일까지 서울의 5.6배에 해당하는 면적이 불탔다.
② 화재의 원인은 대부분 인재로 추정된다.
③ 가축 사육을 위한 목초지를 확보하기 위해 불을 지른 것이 화재로 번진 사례가 많다.
④ 브라질의 건기에 화재가 많이 일어나 피해가 줄어들었다.

어휘 익히기 다음 초성 힌트와 설명을 보고 해당하는 어휘를 적어 보세요.

- ㅅㅈ   습기가 많은 축축한 땅.

- ㅇㅈ   사람에 의해 일어나는 재난을 이르는 말.

- ㅁㅊㅈ   가축의 사료가 되는 풀이 자라고 있는 곳.

생각 곱씹기 판타나우와 같은 습지가 없어지면 어떤 일이 벌어질까요?

_____
_____
_____

비쩍 마른 사자를 구해 주세요

> **미리 보기 사전**
>
> **사유 재산**
> 개인이 자유의사에 따라 관리·사용·처분할 수 있는 재산을 말해요.

2024년 6월 대구의 실내 동물원에 방치됐던 백사자 한 쌍이 대구 달성군 네이처파크의 야외 방사장으로 이사했어요. 이 백사자들은 7년 동안 8㎡ 규모의 좁은 공간에 갇혀 지냈고 최근에는 먹이를 제때 먹지 못해 건강이 악화되었다고 해요. 어떻게 된 일일까요?

사설 동물원의 동물이 사유 재산?

최근 사설 동물원 몇 곳이 문을 닫으면서 그곳에 있던 동물들이 방치되어 문제가 됐어요. 먹이를 제때 주지 않은 데다 청소도 안 해서 더럽고 좁은 공간에 동물들이 갇혀 있었다는 사실이 알려지면서 동물 학대 논란이 일어났는데요. 개인이 운영하는 사설 동물원에서 사육하는 동물들은 동물원 주인의 사유 재산이에요. 그래서 정부와 지방 자치 단체가 적극적으로 동물들을 구조하기 어려운 상황이었어요.

실내 동물원은 동물의 습성과 본능을 무시해

이 문제는 다른 동물원들이 경매를 통해 이 동물들을 매입하면서 해결되었어요. 동물이 사유 재산이기에 경매를 통해 다른 동물원이 사들인 거예요. 한편 동물 보호 단체들은 실내 동물원에 대해 시대착오적인 곳이라고 거세게 비판했어요. 햇볕이 들지 않고 바람도 느낄 수 없는 인공적인 공간에 야생동물을 가둬 놓는 것이 상식적이지 않다는 거예요. 동물들은 습성이나 본능에 맞춰 살아야 하는데 사람을 위한 구경거리로 전락한 현실에 대해 목소리를 높인 거예요.

핵심 단어 찾기 빈칸에 들어갈 알맞은 단어를 찾아 ✅ 표 하세요.

- 개인이 자유의사에 따라 관리·사용·처분할 수 있는 재산을 (　　)이라고 해요.
  - ☐ 공유 재산
  - ☐ 사유 재산

- 사설 동물원 몇 곳이 문을 닫으면서 그곳에서 사육하던 동물들이 방치되어 (　　) 논란이 일어났어요.
  - ☐ 동물 멸종
  - ☐ 동물 학대

꼼꼼히 읽기 사설 동물원에 대한 설명으로 틀린 것을 고르세요. (　　)

① 사설 동물원이 문을 닫으면서 그곳에 있던 동물들이 더럽고 좁은 공간에 갇혀 있었다.
② 사설 동물원에서 사육하는 동물들은 모두 국가 소유이다.
③ 문 닫은 사설 동물원의 동물들은 다른 동물원들이 경매를 통해 사 갔다.
④ 동물 보호 단체들은 특히 실내 동물원에 대해 시대착오적인 곳이라고 비판한다.

어휘 익히기 다음 초성 힌트와 설명을 보고 해당하는 어휘를 적어 보세요.

- ㅇ ㅎ　　　일의 형세가 나쁜 쪽으로 바뀜.

- ㅂ ㅊ　　　내버려 둠.

- ㄱ ㅁ　　　물건을 사려는 사람이 여럿일 때 값을 가장 높이 부르는 사람에게 파는 일.

생각 곱씹기 동물원은 동물을 위한 곳일까요, 사람을 위한 곳일까요? 이유와 함께 나의 의견을 적어 보세요.

_____

_____

_____

갑자기 댐을 14개나 짓는 이유

미리 보기 사전

댐(Dam)
물을 여러 목적으로 이용하기 위해 강이나 골짜기를 가로질러 막아 쌓은 큰 둑을 말해요. 댐은 홍수와 가뭄을 예방하고 수력 발전으로 전기를 생산하기도 해요.

2024년 7월 정부가 새로 댐을 지을 후보지 14곳을 발표했어요. 기후 변화로 갈수록 심해지는 홍수와 가뭄 예방을 위해 물그릇을 늘리겠다는 의도라고 해요. 이를 두고 환경 단체들은 시대에 뒤떨어진 정책이라고 비판했어요.

정부의 댐 건설 발표에 전문가들은 갸우뚱

댐 건설 후보지 14곳은 정부가 국가 차원의 댐 건설이 필요하다고 판단한 5곳과 지방 자치 단체들이 건의한 9곳으로 이루어졌어요. 권역별로 보면 낙동강 권역이 6곳, 한강 권역이 4곳, 영산·섬진강 권역 3곳, 금강 권역 1곳이에요. 목적별로 분류하면 다목적댐 3곳, 용수 전용 댐 4곳, 홍수 조절용 댐 7곳이고요. 그러자 전문가들은 댐을 짓더라도 홍수 예방에 큰 효과가 없을 것이라고 지적했어요. 댐 건설 지역이 최근 홍수가 발생한 지역과 떨어져 있고, 저수용량이 작아서 홍수를 막기에 역부족이라는 거예요.

댐 건설은 온실가스 줄이기에 역행하는 일

전 세계가 온실가스 감축을 위해 애쓰는 상황에서 댐 건설은 온실가스 줄이기에 역행하는 정책이라는 비판도 나와요. 댐 건설 과정에서 화석 연료를 사용하는 중장비가 수년에 걸쳐 공사장에 투입되고, 생산 과정에서 온실가스 배출량이 많은 시멘트도 대량으로 사용될 거예요. 댐 건설 과정에서 다양한 생물들의 서식지와 자연경관이 파괴될 우려도 커요. 12개 이상의 댐을 한꺼번에 건설하는 것이 과연 우리에게 도움이 되는 일인지 꼼꼼한 검토가 필요해요.

핵심 단어 찾기 빈칸에 들어갈 알맞은 단어를 찾아 ✅ 표 하세요.

- 물을 여러 목적으로 이용하기 위해 강이나 골짜기를 가로질러 막아 쌓은 큰 둑을 (　)이라고 해요.
  - ☐ 댐
  - ☐ 갯벌

- 정부가 기후 변화로 인해 갈수록 심해지는 (　)와 (　)을 예방하기 위해 새로 댐을 지을 후보지 14곳을 선정해 발표했어요.
  - ☐ 홍수 / 가뭄
  - ☐ 추위 / 전염병

꼼꼼히 읽기 정부의 댐 건설 계획에 대한 설명으로 <u>틀린</u> 것을 고르세요. (　)

① 댐 건설은 홍수와 가뭄을 예방하기 위해 물그릇을 늘리겠다는 의도다.
② 새로 지을 댐을 권역별로 나누면 낙동강 권역이 가장 많다.
③ 댐 건설은 온실가스 줄이기에 효과적인 정책이다.
④ 댐 건설 과정에서 다양한 생물들의 서식지가 파괴될 우려도 크다.

어휘 익히기 다음 초성 힌트와 설명을 보고 해당하는 어휘를 적어 보세요.

- ㄱㅇ　　어떤 특정한 범위 안의 지역.

- ㅇㅅㄱㅅ　　지구 대기를 오염시켜 온실 효과를 일으키는 가스를 통틀어 이르는 말.

- ㅎㅅㅇㄹ　　지질 시대에 생물이 땅속에 묻히어 화석같이 굳어져 오늘날 연료로 이용하는 물질. 석탄, 석유, 천연가스 등이 있다.

생각 곱씹기 정부가 댐 건설 정책을 바꾼다면 어떤 방향이 좋을까요?

_____
_____
_____

돼지 방귀에 세금 매겨요

> **미리보기 사전**
>
> **탄소세**
> 이산화탄소를 많이 내뿜는 각종 화석 연료의 사용량에 따라 부과하는 세금을 말해요. 지구 온난화를 방지하기 위해 생겨났어요.

낙농업이 발달한 덴마크가 세계 처음으로 농업 분야에 탄소세를 도입하기로 했어요. 덴마크는 왜 이런 결정을 내린 걸까요?

세계 최초의 농업 탄소세

덴마크 정부는 2030년부터 농가에서 배출되는 이산화탄소 1톤당 300크로네(약 6만 원)의 세금을 부과할 것이라고 발표했어요. 이렇게 배출량에 따라 세금을 내는 '농업 탄소세'를 통해 이산화탄소 배출량을 줄이겠다는 의도예요. 덴마크는 국토의 60%가 농지이고, 사람 수보다 돼지가 많을 정도로 양돈 산업이 발달했어요. 돼지 생산량의 90%를 수출하는 세계 최대 돼지고기 수출국이기도 해요.

메탄 줄여 환경 보호할 목적

돼지를 많이 키우다 보니 돼지의 방귀와 트림, 분뇨에서 나오는 메탄가스의 양이 상당히 많아요. 그래서 덴마크는 북유럽 국가 중 온실가스 배출량이 많은 국가로 꼽혀요.

실제로 메탄가스 배출량의 3분의 1 이상이 축산업에서 발생된다고 해요. 덴마크 정부는 농업 탄소세를 통해 2030년 이산화탄소 배출량을 180만 톤 줄일 수 있을 것으로 기대하고 있어요. 하지만 메탄가스 발생에 대한 모든 책임을 농가에 떠넘기는 것은 불합리하다는 의견도 있어요.

핵심 단어 찾기 빈칸에 들어갈 알맞은 단어를 찾아 ✓ 표 하세요.

- ( )는 이산화탄소를 많이 내뿜는 각종 화석 연료의 사용량에 따라 부과하는 세금을 말해요.
- 낙농업이 발달한 국가인 ( )가 세계 처음으로 농업 분야에 탄소세를 도입하기로 했어요.

☐ 산소세
☐ 탄소세
☐ 덴마크
☐ 핀란드

꼼꼼히 읽기 덴마크의 농업 탄소세에 대한 설명으로 <u>틀린</u> 것을 고르세요. ( )

① 덴마크 정부는 공장에서 배출되는 이산화탄소 1톤당 300크로네(약 6만 원)의 세금을 부과할 것이라고 발표했다.
② 농업 탄소세를 통해 이산화탄소 배출량을 줄이겠다는 계획이다.
③ 덴마크는 국토의 60%가 농지이고, 사람 수보다 돼지가 많을 정도로 양돈 산업이 발달했다.
④ 돼지의 방귀와 트림, 분뇨에서 나오는 메탄가스의 양이 상당히 많다 보니 덴마크는 북유럽에서 온실가스 배출량이 많은 국가로 꼽힌다.

어휘 익히기 다음 초성 힌트와 설명을 보고 해당하는 어휘를 적어 보세요.

- ㅊㅅㅇ   가축을 기르고 그 생산물을 가공하는 산업.
- ㅇㄷ   돼지를 먹여 기름.
- ㅂㄴ   똥과 오줌을 아울러 이르는 말.

생각 곱씹기 농업 탄소세가 부과되면 덴마크의 농업은 어떻게 바뀔지 예상해 보세요.

_____
_____
_____

찜통더위로 한증막이 된 서울

> **미리 보기 사전**
>
> **폭염 일수**
> 폭염은 매우 심한 더위를 뜻해요. 우리나라는 일 최고 기온이 33℃ 이상인 날을, 영국은 일 최고 기온 35℃ 이상인 날을 폭염 일수의 기준으로 삼았어요.

2024년 6월 영국의 국제개발환경연구소(IIED)는 세계 주요 도시의 폭염 분석 결과를 발표했어요. 이에 따르면 지난 30년 동안 일 최고 기온이 35℃를 넘는 폭염 일수는 전 세계에서 꾸준히 증가했다고 해요.

점점 늘어나는 서울의 폭염 일수

인구가 집중된 20개 대도시를 대상으로 1994~2023년까지 30년 동안의 폭염 일수 증가 추이를 조사한 결과, 서울의 폭염 일수가 가장 빠르게 증가했다고 해요. 1994년부터 10년 단위로 살펴보면 서울의 폭염 일수는 1994~2003년 9일, 2004~2013년 17일, 2014~2023년 58일이었어요. 우리나라는 열대야 발생 일수도 빠르게 증가하고 있어요. 2024년은 역대 가장 무더운 해로 꼽혔던 1994년보다 열대야 발생 일수도 더 많았는데요. 1994년 전국 평균 열대야 발생 일수는 16.8일이었는데, 2024년에는 20.2일이었어요. 4일이나 더 많아진 거예요.

기후 변화는 현재 진행 중

이번 연구를 진행한 터커 랜즈먼 박사는 "기후 변화는 미래의 위협이 아니라 이미 일어나고 있으며 점점 더 악화하고 있다. 야외에서 일하는 노동자, 아동, 노인은 폭염에 더 취약한 만큼 대책 마련이 필요하다."고 말했어요. 한편 세계 20개 대도시 중 폭염 일수가 가장 많은 도시는 인도의 뉴델리로, 최근 10년(2014~2023년) 동안 최고 기온이 35℃를 넘은 날이 1,591일이었어요.

핵심 단어 찾기 빈칸에 들어갈 알맞은 단어를 찾아 ✓ 표 하세요.

- 우리나라에서는 일 최고 기온이 33℃ 이상인 날을 (　　)라고 해요.
- 인구가 집중된 20개 대도시 중 지난 30년 동안 폭염 일수가 가장 빠르게 늘어난 도시는 (　　)이에요.

☐ 폭염 일수
☐ 폭풍 일수
☐ 서울
☐ 뉴델리

꼼꼼히 읽기 폭염 일수에 대한 설명으로 틀린 것을 고르세요. (　　)

① 지난 30년 동안 일 최고 기온이 35℃를 넘는 폭염 일수는 전 세계에서 증가하고 있다.
② 서울의 폭염 일수는 1994~2003년 9일, 2004~2013년 17일, 2014~2023년 58일이었다.
③ 우리나라는 폭염 일수뿐 아니라 열대야 발생 일수도 빠르게 증가하고 있다.
④ 세계 20개 대도시 중 폭염 일수가 가장 많은 도시는 서울이었다.

어휘 익히기 다음 초성 힌트와 설명을 보고 해당하는 어휘를 적어 보세요.

- ㅊㅇ　　일이나 형편이 시간의 경과에 따라 변하여 나감. 또는 그런 경향.
- ㅊㅇ　　무르고 약함.
- ㄴㄷㄹ　인도 델리의 남쪽에 건설된 신도시. 인도의 수도로, 공공기관이 많다.

생각 곱씹기 폭염 일수가 늘어나면 우리 사회에 어떤 영향을 미칠까요?

213

한국 이산화탄소 농도 역대 최고

> **미리 보기 사전**
>
> **온실가스**
> 지구 대기를 오염시켜 온실 효과를 일으키는 가스를 통틀어 이르는 말이에요. 이산화탄소, 메탄 등의 가스를 말해요.

기상청이 '2023 지구대기감시보고서'를 공개했어요. 이에 따르면 안면도에 있는 기후변화감시소에서 2023년에 측정한 평균 이산화탄소 배경농도가 427.6ppm으로 관측 이래 가장 높았어요. 배경농도는 '인간 활동에 영향받지 않은 자연적인 환경에서 측정한 농도'를 말해요.

이산화탄소는 대기에 수백 년간 머물러

안면도 감시소의 이산화탄소 배경농도는 1년 새 2.6ppm 높아진 거예요. 제주도 고산과 울릉도에 있는 감시소에서 측정한 이산화탄소 배경농도도 1년 새 각각 2.6ppm, 2.8ppm 증가했어요. 대표적인 온실가스인 이산화탄소는 한 번 배출되면 수백 년간 대기 중에 머물러요. 이산화탄소 농도가 높아지면 지표면의 평균 온도가 상승하고, 기후 변화가 일어나요.

극단적인 이상 기후를 일으키는 주범

최근 10년(2013~2022년) 동안 우리나라의 이산화탄소 배경농도 증가세는 연평균 2.5ppm이었어요. 전 세계 평균 증가세인 2.4ppm보다 빨라요. 전문가들은 이산화탄소 배경농도 450ppm을 '데드라인'으로 삼아요. 450ppm을 넘으면 지구 기온이 산업화 이전보다 2℃ 상승해 극단적인 이상 기후가 발생할 수 있기 때문이에요. 우리나라의 이산화탄소 농도는 데드라인에 점점 가까워지고 있어, 빠른 대책이 필요해요.

핵심 단어 찾기 빈칸에 들어갈 알맞은 단어를 찾아 ✅ 표 하세요.

- 지구 대기를 오염시켜 온실 효과를 일으키는 가스를 통틀어 (　　) 라고 해요.
- 2023년에 안면도 기후변화감시소에서 측정한 연 평균 (　　) 배경농도는 427.6ppm으로 관측 이래 가장 높았어요.

☐ 온실가스
☐ 돈가스
☐ 이산화질소
☐ 이산화탄소

꼼꼼히 읽기 이산화탄소 배경농도에 대한 설명으로 <u>틀린</u> 것을 고르세요. (　　)

① 배경농도는 인간 활동에 영향받지 않은 자연적인 환경에서 측정한 농도를 말한다.
② 이산화탄소는 한 번 대기 중에 배출되면 수백 년간 머무른다.
③ 이산화탄소 등의 온실가스 농도가 높아지면 지표면의 평균 온도가 내려간다.
④ 최근 10년 동안 우리나라의 이산화탄소 배경농도 증가세는 전 세계 평균 증가세보다 빨랐다.

어휘 익히기 다음 초성 힌트와 설명을 보고 해당하는 어휘를 적어 보세요.

- ㄱㅅㅅ　　　감시할 목적으로 필요한 설비를 갖추어 놓은 곳.
- ㅈㄱㅅ　　　점점 늘어나는 흐름이나 경향.
- ㄷㄷㄹㅇ　　더 이상은 넘어갈 수 없는 최종적인 한계.

생각 곱씹기 이산화탄소 배출을 줄이기 위해 우리가 할 수 있는 일은 무엇이 있을까요?

_____

_____

_____

미국과 멕시코의 강물 전쟁

> **미리보기 사전**
>
> **기후 변화**
> 오랜 기간에 걸쳐서 진행되는 기상 변화를 뜻해요. 현재 지구는 기후 변화로 몸살을 앓고 있어요.

미국과 멕시코 사이 국경에는 리오그란데강이 흘러요. 최근 리오그란데강의 강물을 두고 미국과 멕시코 사이에 심상치 않은 기운이 감지돼요.

가뭄에 시달리던 멕시코가 강물을 막아

리오그란데강은 미국 로키산맥에서 발원해 뉴멕시코주와 텍사스주를 거쳐 멕시코만까지 흐르는 긴 강이에요. 미국과 멕시코는 그동안 리오그란데강의 물을 나눠 썼어요. 이 강은 상류 지역에서 물을 끌어 쓰는 곳이 많아 하류에 접어들 즈음엔 바닥을 드러내요. 강의 하류에 물을 공급하는 건 멕시코에서 흘러드는 6개의 지류들이에요. 그런데 가뭄에 시달리던 멕시코가 최근 지류의 강물이 미국으로 흘러가지 못하도록 막았어요.

기후 변화로 이어지는 극심한 가뭄

그러자 미국 텍사스주 농장들은 농업용수를 공급받지 못해 파산 직전에 내몰렸어요. 멕시코의 상황은 더 안 좋아요. 2011년 이후 극심한 가뭄에 시달리고 있어 전국의 90%가 가뭄의 영향권에 있거든요. 온실가스 배출에 따른 기후 변화로 수년째 가뭄이 계속되면서 미국과 멕시코의 농업은 큰 어려움에 처했어요. 국경에 흐르는 리오그란데강의 한정된 강물을 놓고 두 나라의 물 전쟁은 현재도 진행 중이에요.

핵심 단어 찾기 빈칸에 들어갈 알맞은 단어를 찾아 ☑ 표 하세요.

- 오랜 기간에 걸쳐서 진행되는 기상의 변화를 (　　)라고 해요.
- 미국과 멕시코 사이 국경에 흐르는 (　　)의 강물을 두고 두 나라 사이에 심상치 않은 기운이 돌고 있어요.

☐ 심경 변화
☐ 기후 변화
☐ 리오그란데강
☐ 센강

꼼꼼히 읽기 리오그란데강에 대한 설명으로 틀린 것을 고르세요. (　　)

① 미국 로키산맥에서 발원해 뉴멕시코주와 텍사스주를 거쳐 멕시코만까지 흐르는 긴 강이다.
② 미국과 캐나다는 그동안 리오그란데강의 물을 나눠 써왔다.
③ 상류 지역에서 물을 끌어 쓰는 곳이 많아 하류에 접어들 즈음엔 바닥을 드러낸다.
④ 가뭄에 시달리던 멕시코가 최근 지류의 강물이 미국으로 흘러가지 못하도록 막았다.

어휘 익히기 다음 초성 힌트와 설명을 보고 해당하는 어휘를 적어 보세요.

- ㅈㄹ　　　강의 원줄기로 흘러들거나 원줄기에서 갈려 나온 물줄기.
- ㄴㅇㅇㅅ　농사에 필요하여 논밭에 대는 데 드는 물.
- ㅍㅅ　　　재산을 모두 잃고 망함.

생각 곱씹기 미국과 멕시코가 리오그란데강을 사이좋게 나눠쓸 수 있는 방법을 제안해 보세요.

기후 수능 만점에 도전!

> **미리보기사전**
>
> **기후 수능**
> 환경재단 산하 어린이환경센터가 개최한 '제1회 기후 수학 능력 시험'의 줄임말이에요. 국내 최초의 환경 지식 경연대회라고 할 수 있어요.

대입 수능 말고 기후 수능에 대해 들어본 적 있나요? 2024년 8월 기후 변화를 주제로 하는 기후 수능이 처음으로 치러졌어요.

전국 중고교의 15.5%만 환경 과목 가르쳐

기후 변화가 미래 중요한 화두로 떠오르면서 기후 변화를 학교의 필수 교과로 지정한 나라가 많아요. 이탈리아는 2019년 세계 최초로 기후 변화를 필수 교과로 채택해 6~19세 학생들에게 매년 33시간 의무 교육을 실시하고 있어요. 스웨덴은 여러 교과에서 기후 변화에 대한 통합 교육을 시행하고 있어요. 반면 우리나라는 1995년 환경 과목이 교과로 개설됐지만 필수가 아닌 선택 과목이어서 2022년 기준 전국 중·고교에서 환경 과목을 가르치는 학교는 15.5%에 불과해요.

처음 치러진 기후 수능에 81명 참여해

기후 관련 교육이 턱없이 부족한 상황에서 2024년 8월 기후 수능이 처음 치러졌어요. 기후 수능에는 한 달 동안 기후 변화 관련 사전 퀴즈 풀이를 통해 선발한 14~19세 참가자 81명이 참여했어요. 참가자들은 환경 교사가 출제한 30문제를 풀고, 기후 환경 전공 대학생들의 멘토링 프로그램에도 참여했어요. 참가자들의 전체 평균 점수는 63점이었고, 고득점자 3명에게는 기후 장학금 총 180만 원이 수여됐어요. 우리도 기후 수능에 참여해 환경 지식을 쌓아 보는 건 어떨까요?

핵심 단어 찾기 빈칸에 들어갈 알맞은 단어를 찾아 ✓ 표 하세요.

- 국내 최초의 환경 지식 경연대회인 '제1회 기후 수학 능력 시험'의 줄임말을 (　　) 이라고 해요.

  ☐ 전후 수능
  ☐ 기후 수능

- 해외에서는 이미 기후 변화를 학교의 (　　)로 지정한 나라가 많아요.

  ☐ 필수 교과
  ☐ 선택 교과

꼼꼼히 읽기 기후 수능과 기후 변화 교육에 대한 설명으로 <u>틀린</u> 것을 고르세요. (　　)

① 우리나라의 기후 수능은 국가에서 직접 주관한 국가고시다.
② 이탈리아는 기후 변화를 필수 교과로 채택해 6~19세 학생들에게 의무 교육을 실시한다.
③ 우리나라 중·고교에는 환경 과목이 교과로 개설됐지만 필수가 아닌 선택 과목이다.
④ 기후 수능에는 전국에서 선발한 14~19세 참가자 81명이 참여했다.

어휘 익히기 다음 초성 힌트와 설명을 보고 해당하는 어휘를 적어 보세요.

- ㅎㄷ　　관심을 두어 중요하게 생각하거나 이야기할 만한 것.

- ㄱㄱ　　학교에서 교육의 목적에 맞게 가르쳐야 할 내용을 계통적으로 짜 놓은 일정한 분야.

- ㅁㅌㄹ　　경험과 지식이 풍부한 사람이 특정한 사람에게 지도와 조언을 하면서 실력과 잠재력을 개발시키는 활동.

생각 곱씹기 기후 수능 외에 또 어떤 수능이 생기면 좋을지 이유와 함께 적어 보세요.

국민이 꼽은 가장 심각한 환경 문제는?

> **미리 보기 사전**
> **환경 문제**
> 자연이나 생활 환경에 나쁜 영향을 주는 여러 문제들을 말해요.

우리나라 사람들은 환경 문제 중 무엇을 가장 중요하게 여길까요? 한국환경연구원이 국민의 환경 인식을 파악하기 위해 매년 실시하는 '2023 국민환경인식조사' 결과를 보면 답을 알 수 있어요.

가장 중요한 환경 문제는 기후 변화

우리나라가 직면한 가장 중요한 환경 문제를 꼽아달라는 질문에 '기후 변화'를 선택한 응답이 전체의 63.9%로 가장 많았어요. '기후 변화'가 가장 중요한 환경 문제로 꼽힌 것은 이번이 처음이에요. 같은 질문에 대해 기후 변화라는 응답은 2021년 39.8%, 2022년 48.2%였는데 2023년에는 15.7%나 높아졌어요. 이번 조사에서 응답자가 기후 변화 다음으로 꼽은 환경 문제는 쓰레기·폐기물 처리 문제, 대기오염·미세먼지 문제 순이었어요.

점점 커지는 기후 변화의 심각성

한국환경연구원은 "기후 변화라는 응답이 가장 많이 나온 것은 사람들이 기후 변화의 심각성을 체감하기 시작한 것."이라고 분석했어요. 조사가 진행된 2023년은 홍수와 폭염 등 기후 변화가 극심했고, 그로 인해 식재료 가격이 크게 올라서 이런 결과가 나온 걸로 분석돼요. 이번 조사에는 만 19~69세 남녀 3,088명이 응답했어요.

핵심 단어 찾기 빈칸에 들어갈 알맞은 단어를 찾아 ✅ 표 하세요.

- 자연이나 생활 환경에 나쁜 영향을 주는 여러 문제를 (　　)라고 해요.
  - ☐ 환경 문제
  - ☐ 경제 문제

- 우리나라가 직면한 가장 중요한 환경 문제는 (　　)라고 생각하는 사람들이 가장 많았어요.
  - ☐ 수질 변화
  - ☐ 기후 변화

꼼꼼히 읽기 '2023 국민환경인식조사' 결과에 대한 설명으로 틀린 것을 고르세요. (　　)

① 한국환경연구원이 환경 전반에 대한 국민 인식을 파악하기 위해 매년 실시해 오고 있다.
② 가장 중요한 환경 문제로 '기후 변화'를 꼽은 응답자가 가장 많았다.
③ 가장 중요한 환경 문제로 '기후 변화'를 꼽은 응답은 2021년부터 계속 높아지고 있다.
④ 응답자들이 두 번째로 꼽은 환경 문제는 대기오염·미세먼지 문제이다.

어휘 익히기 다음 초성 힌트와 설명을 보고 해당하는 어휘를 적어 보세요.

- ㅈㅁ　　어떠한 일이나 사물을 직접 당하거나 접함.

- ㅇㅅ　　사물을 분별하고 판단하여 앎.

- ㅍㅇ　　매우 심한 더위.

생각 곱씹기 여러분이 꼽은 가장 중요한 환경 문제는 무엇인가요? 이유와 함께 적어 보세요.

_____

_____

_____

굶주린 너구리 출몰 주의보!

> **미리보기 사전**
>
> **너구리**
> 갯과의 포유류로, 여우보다 작고 주둥이가 뾰족해요. 낮에는 굴속에서 잠을 자고 밤에 활동하는 야행성 동물이에요.

서울 도심에 너구리가 자주 나타나고 있어요. 서울연구원에 따르면 2023년 6월부터 10월까지 서울 강남구 대모산, 성동구 서울숲 등 59개 지역에 센서 카메라 203대를 설치해 관찰한 결과 25개 자치구 중 24개 자치구에서 너구리가 포착됐어요.

길고양이 먹이 먹으려고 내려와

너구리가 도심에 자주 나타나는 이유는 먹이를 찾기 위해서예요. 사람들이 길고양이에 주는 먹이를 너구리가 먹는 건데요. 산과 숲에서 먹이를 구하는 것보다 길고양이 먹이를 가로채는 것이 쉬운 걸 알고는 사람들이 사는 곳으로 자주 내려와요. 그러다 보니 구조될 일도 많아져서 서울야생동물구조센터가 구조한 너구리는 2018년 49마리에서 2023년 80마리로 늘어났어요.

사람에게 전염병 옮길 수 있어

도시에 너구리가 많아지면 여러 문제를 야기해요. 새끼 너구리는 생후 9개월이면 어미로부터 독립하는데, 혼자서 도시를 돌아다니다가 자동차에 치일 수 있어요. 또 개선충에 감염된 너구리와 접촉한 사람에게 가려움증이 나타날 수 있고, 2013년 이후 발병 기록은 없지만 너구리를 통해 광견병이 사람에게 전파될 수도 있어요. 전문가들은 야생동물인 너구리가 스스로 먹이를 찾도록 길고양이 먹이를 못 먹게 해야 한다고 조언해요.

핵심 단어 찾기 빈칸에 들어갈 알맞은 단어를 찾아 ✓ 표 하세요.

- 너구리는 갯과의 포유류로, 여우보다 작고 주둥이가 뾰족해요.
  낮에는 굴속에서 잠을 자고 밤에 활동하는 (　　) 동물이에요.
  - ☐ 주행성
  - ☐ 야행성

- 너구리가 도심에 자주 나타나는 이유는 사람들이 (　　)에게 주는 먹이를
  가로채 먹기 위해서예요.
  - ☐ 비둘기
  - ☐ 길고양이

꼼꼼히 읽기 서울에 나타난 너구리에 대한 설명으로 틀린 것을 고르세요. (　　)

① 2023년 10월까지 관찰한 결과 서울 25개 자치구 중 24개 자치구에서 너구리가 포착됐다.
② 길고양이 먹이를 먹는 것보다 숲에서 먹이를 구하는 것이 쉬운 걸 알고 도시로 내려오지 않는다.
③ 서울야생동물구조센터가 구조한 너구리는 2018년 49마리에서 2023년 80마리로 늘어났다.
④ 개선충에 감염된 너구리와 접촉한 사람에게 가려움증이 나타날 수 있다.

어휘 익히기 다음 초성 힌트와 설명을 보고 해당하는 어휘를 적어 보세요.

- ㄱㅈ　　　　재난을 당하여 어려운 처지에 빠진 생명을 구하여 줌.

- ㅂㅂ　　　　병이 남.

- ㄱㄱㅂ　　　개에게서 볼 수 있는 바이러스성 질환으로, 사람은 대개 개에게 물려
　　　　　　　감염된다. 호흡 곤란, 경련 등을 일으킨다.

생각 곱씹기 너구리가 길고양이 먹이를 먹지 않게 하려면 어떤 조치를 취해야 할까요?

외래종 거북이 퇴치 대작전

> **미리보기 사전**
> **생태계 교란 생물**
> 외국으로부터 유입되었거나 유전자 변형을 통해 생산된 생물체 가운데 생태계를 교란시키거나 우려가 있는 야생 동식물을 말해요.

충청북도 청주시가 용암동 명암저수지와 오송읍 연제저수지에 생존 유지 포획 장치(트랩)를 각 2대씩 설치해 외래종 거북류를 잡아들이고 있어요. 왜일까요?

외래종 거북이 국내 고유종 위협해

청주시가 외래종 거북류를 포획하는 이유는 지역 생태계를 보호하기 위해서예요. 외래종 거북류는 수명이 길고 알을 많이 낳는 등 생존력이 강해서 같은 서식지에서 경쟁을 벌이는 국내 고유종인 자라를 위협해요. 게다가 토종 어류들을 무차별적으로 포식해 생물 다양성에 악영향을 미칠 위험도 높아요. 청주시가 2023년 조사한 바에 따르면 명암저수지에는 환경부가 생태계 교란 생물로 지정한 거북류 4종을 포함해 5종의 외래종 거북류가 서식하고 있어요.

외래종 거북 포획으로 수질 개선 효과

환경부가 지정하는 생태계 교란 생물은 현재 38종이 목록에 올라 있어요. 그 가운데 거북류는 늑대거북·리버쿠터·악어거북·중국줄무늬목거북·플로리다붉은배거북·붉은귀거북 등 모두 6종이에요. 생태계 교란 생물로 지정되면 수입, 사육, 양도가 금지돼요. 청주시 관계자는 "외래종 거북류 포획은 수질 정화 역할을 하는 갑각류, 패류, 소형어류의 개체 수를 늘려 수질을 개선하는 효과가 있다."고 밝혔어요.

출처 : 청주시

핵심 단어 찾기 빈칸에 들어갈 알맞은 단어를 찾아 ✅ 표 하세요.

- 외국으로부터 유입된 생물체 가운데 생태계의 균형에 교란을 가져오거나 가져올 우려가 있는 야생 동식물을 (　　) 생물이라고 해요.
- 청주시가 외래종 (　　)를 포획하는 이유는 지역 생태계를 보호하기 위해서예요.

☐ 생태계 교란
☐ 생태계 친화
☐ 포유류
☐ 거북류

꼼꼼히 읽기 청주시의 외래종 거북류 포획에 대한 설명으로 틀린 것을 고르세요. (　　)

① 청주시는 명암저수지와 연제저수지에 생존 유지 포획 장치(트랩)를 설치해 외래종 거북류를 잡아들이고 있다.
② 외래종 거북류는 수명이 길고 알을 많이 낳는 등 생존력이 강하다.
③ 외래종 거북류는 토종 어류들을 무차별적으로 포식해 생물 다양성에 악영향을 미칠 위험도 높다.
④ 외래종 거북류 때문에 국내 고유종 자라의 개체수도 늘어나고 있다.

어휘 익히기 다음 초성 힌트와 설명을 보고 해당하는 어휘를 적어 보세요.

- ㅌㅈ　　본디부터 그곳에서 나는 종자.
- ㅍㅎ　　짐승이나 물고기를 잡음.
- ㅇㄷ　　재산이나 물건을 남에게 넘겨줌.

생각 곱씹기 포획한 생태계 교란 생물은 어떻게 활용하면 좋을까요? 의견을 이유와 함께 적어 보세요.

225

여름휴가는 북유럽으로 떠나요!

미리보기 사전

쿨케이션(Coolcation)
시원하다는 뜻의 'Cool'과 휴가를 뜻하는 'Vacation'의 합성어예요. 시원한 곳에서 휴가를 보내는 것을 말해요.

최근 유럽의 전통적인 휴가지인 남유럽보다 이 지역이 더 인기를 끌고 있다고 해요. 남유럽 대신 새롭게 뜨는 여름 휴가지는 어디일까요?

시원한 북유럽이 인기

지구 온난화로 발생하는 산불과 폭염으로 이탈리아, 그리스 등 남유럽 나라들이 위협받고 있어요. 그러자 그동안 여름 휴가지로 남유럽 나라를 찾던 관광객이 이제는 북유럽을 찾고 있어요. 스웨덴, 노르웨이, 핀란드 등 시원한 북유럽 나라들이 새로운 여름 휴가지로 주목받으면서 '쿨케이션'(Coolcation)이라는 신조어도 생겨났어요.

북유럽 여행 예약률과 항공편 검색 늘어나

실제로 미국의 고급 여행사 네트워크인 '버츄오소'는 2024년 여름 북유럽 여행 예약률이 2023년 여름보다 27% 증가했다고 밝혔어요. 특히 스웨덴은 47%의 증가율을 보였어요. 또한 여행 비교 사이트 '카약'은 영국 공항에서 덴마크, 노르웨이, 스웨덴으로 가는 항공편 검색이 크게 증가했다고 밝혔어요. 유럽연합은 보고서를 통해 "기후 변화 때문에 남유럽은 관광 수요가 감소하고 북유럽은 그만큼 증가할 것."이라고 전망했어요.

핵심 단어 찾기 빈칸에 들어갈 알맞은 단어를 찾아 ✅ 표 하세요.

- ( )은 'Cool'과 'Vacation'의 합성어로, 시원한 곳에서 휴가를 보내는 것을 말해요.
  - ☐ 쿨케이션
  - ☐ 쿨홀리데이

- 산불과 폭염으로 남유럽 나라들이 위협을 받자 관광객들이 여름 휴가지로 ( )을 찾고 있어요.
  - ☐ 북유럽
  - ☐ 아프리카

꼼꼼히 읽기 유럽의 여름 휴가지 변화에 대한 설명으로 틀린 것을 고르세요. ( )

① 지구 온난화로 인해 발생하는 산불과 폭염으로 남유럽 나라들이 위협을 받고 있다.
② 시원한 스웨덴, 노르웨이, 핀란드 등이 새로운 여름 휴가지로 뜨고 있다.
③ 2024년 여름 북유럽 여행 예약률과 항공편 검색이 증가했다.
④ 유럽연합은 "기후 변화 때문에 북유럽은 관광 수요가 상당히 감소하고 남유럽은 그만큼 증가할 것."이라고 전망했다.

어휘 익히기 다음 초성 힌트와 설명을 보고 해당하는 어휘를 적어 보세요.

- ㅈㄱ ㅇㄴㅎ   지구의 기온이 높아지는 현상.

- ㅅㅈㅇ   새로 생긴 말.

- ㅅㅇ   어떤 재화나 용역을 일정한 가격으로 사려고 하는 욕구.

생각 곱씹기 여러분이 남유럽의 관광 홍보 담당자라면 어떻게 관광객을 다시 모을 건가요?

제주 남방큰돌고래를 구해 줘

미리보기사전

남방큰돌고래
몸길이 2.6m, 몸무게는 230kg인 돌고래예요. 등 쪽은 어두운 회색이고 배 쪽은 등보다 밝은 회색으로, 5~15마리씩 무리 지어 생활해요.

제주 연안에는 100여 마리의 남방큰돌고래가 서식하고 있어요. 멸종 위기종으로 국토해양부가 보호 대상 해양생물로 지정해 포획이 금지되어 있는데요. 최근 1년 동안 남방큰돌고래의 새끼 11마리가 폐사한 것으로 조사됐어요.

해양 쓰레기로 오염된 제주 앞바다

방송 프로그램 제작사 다큐제주와 제주대학교 돌고래 연구팀에 따르면 2023년 3월부터 2024년 6월까지 남방큰돌고래 새끼 11마리가 폐사했어요. 제주대 연구팀은 "제주 앞바다는 폐어구와 폐플라스틱으로 오염되어 이곳에 서식하는 남방큰돌고래 새끼의 죽음이 이어지고 있다."며 "돌고래의 죽음을 규명하기 위해 철저한 조사가 필요하다."고 강조했어요.

남방큰돌고래는 바다 오염의 최대 피해자

이런 가운데 2024년 7월에는 제주도 서귀포시 대정읍 해상에서 태어난 지 한 달도 안 되어 보이는 남방큰돌고래 새끼가 발견되었어요. 죽은 새끼는 부패가 상당 부분 진행된 상태였는데요. 어미 돌고래가 새끼를 주둥이에 올려놓고 바다를 떠도는 모습이 목격되기도 했어요. 또 같은 시기에 버려진 낚시 도구에 걸린 채 유영하는 다른 남방큰돌고래 새끼가 발견되기도 했어요. 바다가 오염되면서 남방큰돌고래들이 심각한 피해를 입고 있는 거예요.

핵심 단어 찾기 빈칸에 들어갈 알맞은 단어를 찾아 ✅ 표 하세요.

- ( )는 5~15마리씩 무리지어 생활하며, 제주 연안에 100여 마리가 서식하고 있어요.
  - ☐ 남방큰돌고래
  - ☐ 귀신고래
- 멸종 위기종이자 국토해양부의 보호대상 해양생물로 지정된 남방큰돌고래의 ( ) 11마리가 최근 1년 동안 폐사한 것으로 조사됐어요.
  - ☐ 새끼
  - ☐ 어미

꼼꼼히 읽기 제주 남방큰돌고래에 대한 설명으로 <u>틀린</u> 것을 고르세요. ( )

① 제주 연안에 100여 마리의 남방큰돌고래가 서식하고 있다.
② 국토해양부가 보호 대상 해양생물로 지정해 포획이 금지되어 있다.
③ 2023년 3월부터 2024년 6월까지 남방큰돌고래 새끼 11마리가 폐사했다.
④ 남방큰돌고래가 서식하는 제주 앞바다는 오염되지 않은 청정 바다이다.

어휘 익히기 다음 초성 힌트와 설명을 보고 해당하는 어휘를 적어 보세요.

- ㅅㅅ   생물이 일정한 곳에 자리를 잡고 삶.
- ㅍㅅ   짐승이나 어패류가 갑자기 죽음.
- ㅇㅇ   물속에서 헤엄치며 놂.

생각 곱씹기 제주 남방큰돌고래의 안정적인 삶을 위해 우리는 어떤 노력을 해야 할까요?

_____

_____

_____

인도네시아 수도를 정글 한복판으로!

> **미리 보기 사전**
>
> **수도**
> 한 나라의 중앙 정부가 있는 도시를 말해요.

 세계 4위의 인구 대국 인도네시아의 수도는 자카르타예요. 그런데 인도네시아가 수도를 누산타라로 이전한다고 해요. 인도네시아가 오래된 수도를 버리고 새로운 수도를 찾는 이유는 무엇일까요?

자바섬의 자카르타 → 보르네오섬의 누산타라

 인도네시아의 수도 이전 계획은 2019년에 확정되었어요. 2020년 코로나19 팬데믹이 터지면서 나라 재정을 코로나19 대응에 투입해야 해서 수도 이전이 연기되었지만, 결국 2024년에 수도를 옮기게 되었어요. 새 수도 누산타라는 자바섬에 위치한 지금의 수도 자카르타에서 북동쪽으로 1,200km 떨어진 보르네오섬 정글 지대에 있어요.

해수면 상승과 도시 침하 심각해

 인도네시아가 수도를 옮기는 까닭은 기후 변화로 해수면 상승과 도시 침하가 진행되고 있기 때문이에요. 자카르타는 바다였던 곳에 흙이 퇴적돼 만들어진 도시라 면적의 60% 이상이 해수면보다 낮아요. 그래서 기후 변화로 해수면이 높아지면 침수 위험이 커져요. 게다가 지하수를 무분별하게 사용하면서 지반도 가라앉고 있어요. 전문가들은 자카르타가 1년에 최대 15cm씩 가라앉고 있으며, 2050년에는 전체 면적의 3분의 1이 물에 잠길 것이라고 경고했어요.

핵심 단어 찾기 빈칸에 들어갈 알맞은 단어를 찾아 ✅ 표 하세요.

- 한 나라의 중앙 정부가 있는 도시를 (　　)라고 해요.

  ☐ 수도
  ☐ 경제특구

- 세계 4위의 인구 대국 (　　)는 수도를 자카르타에서 누산타라로 옮길 예정이에요.

  ☐ 인도
  ☐ 인도네시아

꼼꼼히 읽기 인도네시아의 수도 이전에 대한 설명으로 틀린 것을 고르세요. (　　)

① 인도네시아의 수도 이전 계획은 2019년에 확정되었다.
② 인도네시아의 수도 이전이 늦어진 것은 코로나19 팬데믹 때문에 나라 재정을 코로나19 대응에 투입해야 했기 때문이다.
③ 새 수도 누산타라는 보르네오섬 정글 지대에 있다.
④ 인도네시아가 수도를 옮기는 것은 안보를 위협하는 주변 국가 때문이다.

어휘 익히기 다음 초성 힌트와 설명을 보고 해당하는 어휘를 적어 보세요.

- ⓞⓩ　　　장소나 주소를 다른 데로 옮김.

- ⓗⓢⓜ　　바닷물의 표면.

- ⓒⓗ　　　건물이나 자연물이 내려앉거나 꺼져 내려감.

생각 곱씹기 기후 변화로 해수면이 높아지면 우리나라 해안 도시들도 위험해질 수 있어요. 어떻게 대응해야 할까요?

_____

_____

_____

어휘 한눈에 보기

환경 기사에 등장한 한자어와 순우리말 어휘를 정리해 보아요. 한자처럼 보이지만 순우리말인 경우도 있고 순우리말처럼 보이는 말이 한자어인 경우도 있으니 꼼꼼하게 살펴보세요.

환경 기사에서 눈여겨보면 좋을 한자어

균형
- 均 고를 균
- 衡 저울대 형

한쪽으로 기울거나 치우치지 않고 고른 상태.

독도
- 獨 홀로 독
- 島 섬 도

경상북도 울릉군에 속하는 화산섬.

잡식성
- 雜 섞일 잡
- 食 먹을 식
- 性 성품 성

먹이를 가리지 않고 다 먹는 동물의 성질.

화재
- 火 불 화
- 災 재앙 재

불이 나는 재앙.

흡수
- 吸 숨 들이쉴 흡
- 收 거둘 수

빨아서 거두어들임.

방사장
- 放 놓을 방
- 飼 먹일 사
- 場 마당 장

동물이 우리에서 나와 노는 곳.

습성
- 習 익힐 습
- 性 성품 성

같은 동물종 내에서 공통된 생활 양식이나 행동 양식.

용수
- 用 쓸 용
- 水 물 수

관개·공업 등을 위해 먼 곳에서 물을 끌어옴.

낙농업
- 酪 타락 낙(락)
- 農 농사 농
- 業 업 업

젖소나 염소 등을 기르고 그 젖을 이용하는 산업.

극단적
- 極 지극할 극
- 端 바를 단
- 的 과녁 적

일의 진행이 끝까지 미쳐 더 나아갈 데가 없는.

환경
- 環 고리 환
- 境 지경 경

생물에게 직·간접으로 영향을 주는 자연적 조건이나 사회적 상황.

도심
- 都 도읍 도
- 心 마음 심

도시의 중심부.

외래종
外 바깥 외
來 올 래
種 씨 종

다른 나라에서 들여온 품종.

패류
貝 조개 패
類 무리 류

조개의 껍데기를 가진 연체동물을 통틀어 이르는 말.

연안
沿 따를 연
岸 언덕 안

바다를 따라 맞닿아 있는 육지.

폐어구
廢 폐할 폐
漁 고기잡을 어
具 갖출 구

못 쓰게 된 여러 가지 고기잡이 도구.

부패
腐 썩을 부
敗 패할 패

단백질이나 지방 등이 미생물에 의해 분해되는 과정. 또는 그런 현상.

지반
地 땅 지
盤 소반 반

땅의 표면.

🔍 환경 기사에서 눈여겨보면 좋을 순우리말

- **먹이사슬**   생태계에서 먹이를 중심으로 이어진 생물 간의 관계.
- **알**   조류, 파충류, 어류 등의 암컷이 낳는, 둥근 모양의 물질.
- **번지다**   병이나 불, 전쟁 등이 차차 넓게 옮아가다.
- **불쏘시개**   불이 쉽게 옮겨붙게 하기 위하여 먼저 태우는 물건.
- **물그릇**   물을 담는 그릇.
- **방귀**   음식물 발효로 인해, 항문으로 나오는 기체.
- **트림**   먹은 음식이 잘 소화되지 않아 입으로 나오는 가스.
- **찜통더위**   뜨거운 김을 쐬는 것같이 무척 무더운 여름철의 기운.
- **내몰리다**   일이나 상황이 급하게 다그쳐지다.
- **가로채다**   남의 것을 옳지 않은 방법으로 빼앗다.
- **주둥이**   짐승이나 물고기 등에서 뾰족하게 나온 코나 입 주위의 부분.

정답

경제

01 보험료 / 미니 보험 / ② / 소액 / 보장 / 보상
02 니어쇼어링 / 중국 / ① / 인건비 / 글로벌 기업 / 공급망
03 리콜 / 덴마크 / ③ / 회수 / 품귀 / 금지
04 유튜버 / 광고 수익 / ④ / 영세하다 / 수익 / 광고
05 편의점 / 생활 편의 서비스 / ③ / 편의 / 간편식 / 동향
06 구독 / 로봇 / ④ / 배송 / 서빙 / 자회사
07 두바이 / 가성비 / ④ / 식감 / 유통 기한 / 수입
08 멸균 우유 / 국내산 우유 / ② / 멸균 / 생산자 / 사료
09 K팝 / 음반 / ④ / 침체 / 수출액 / 판매량
10 관심사 / 돈 벌기 / ④ / 키워드 / 선호 / 상하차
11 K / 수출액 / ③ / 추세 / 유통업 / 파운데이션
12 한우 / 솟값 / ② / 하락 / 사룟값 / 고물가
13 디마케팅 / 스마트폰 / ④ / 과의존 / 디지털 디톡스 / 책무
14 원자력 발전소 / 체코 / ③ / 우선 협상자 / 가동 / 데이터 센터
15 비경제활동인구 / 전문대졸 / ④ / 구직 / 연로 / 고학력
16 ATM / 은행 지점 / ① / 효율화 / 신용 대출 / 금융 소비자
17 개인 정보 / 알리 / ③ / 과징금 / 과태료 / 위반
18 전자 상거래 / 판매자 / ③ / 상거래 / 정산 / 대금
19 다이아몬드 / 랩그로운 다이아몬드 / ② / 미적 / 급성장 / 가성비
20 오프쇼어링 / 비용 절감 / ③ / 절감 / 채용 / 위탁

세계

21 유럽연합 / 유럽의회 / ③ / 회원국 / 의석 / 교섭 단체
22 인구 절벽 / 러시아 / ② / 팬데믹 / 참전 / 합계출산율
23 가오카오 / 취업 경쟁 / ③ / 응시자 / 바가지 / 부정행위
24 유망주 / 우크라이나 / ③ / 통신사 / 입대 / 전선
25 노쇼 / 토끼세 / ③ / 의료진 / 부과 / 예약
26 성 격차 / 성평등 / ④ / 동일 노동 동일 임금 / 문맹률 / 시정
27 여성 할당제 / 이공계 학부 / ④ / 이공계 / 학부 / 공정성
28 몰디브 / 이스라엘인 / ④ / 참상 / 연대 / 입국
29 가방 / 하청 업체 / ③ / 명품 / 원가 / 하청 업체
30 부정선거 / 베네수엘라 / ③ / 출구 조사 / 반정부 / 일파만파
31 성지 순례 / 하지 / ② / 성물 / 압사 / 열사병
32 엔저 / 외국인 관광객 / ③ / 숙박업 / 인력난 / 흑자
33 러시아 / 원자력 발전소 / ③ / 우군 / 제재 / 폐기물
34 닥터페퍼 / 틱톡 / ④ / 출시 / 소셜 미디어 / 입소문
35 AI 주문 / 맥도날드 / ① / 프랜차이즈 / 드라이브스루 / 토핑
36 먹방 / 유튜버 / ④ / 혼수상태 / 대식가 / 공중 보건
37 센강 / 파리 올림픽 / ② / 해협 / 수질 / 세금
38 노숙인 / 후원금 / ④ / 노숙 / 후원금 / 임대주택
39 유기견 / 차별 / ④ / 보호소 / 접종 / 취지

40 인공섬 / 베트남 / ② / 암초 / 매립 / 어장
41 레고 / 우크라이나 / ④ / 재정 / 붕괴 / 교량
42 컨베이어 벨트 / 도쿄 / 오사카 / ④ / 운송 / 완공 / 화물차
43 터줏대감 / 고양이 / ④ / 임기 / 관저 / 집사
44 할당제 / 독립 유공자 / ② / 후손 / 공무원 / 취업난

57 아삿추 / 커스터마이징 / ④ / 커피 / 각성 / 반영
58 위작 / 라크마 / ③ / 공립 / 진위 / 도록
59 고도 / 고령군 / ③ / 궁성 / 고분 / 출토
60 드론 / 제주도 / ③ / 운항 / 채취 / 개선
61 오물 풍선 / 대북 전단 / ④ / 오물 / 탈북민 / 확성기
62 초고령 사회 / 65세 / ③ / 수도권 / 생산 가능 인구 / 활력
63 유료 시사회 / 변칙 개봉 / ① / 개봉 / 스크린 / 변칙
64 역명 병기 사업 / 공개 입찰 / ③ / 병기 / 입찰 / 재정난
65 우체통 / 커피 캡슐 / ③ / 폐의약품 / 통신 / 매개체
66 유기 동물 / 개 / 고양이 / ④ / 자연사 / 안락사 / 기증
67 어린이집 / 저출산 / ② / 소폭 / 소멸 / 경로당

사회 문화

45 추모 공원 / 노인 인구 / ④ / 화장장 / 고령화 / 혐오 시설
46 비만율 / 1 / ④ / 과체중 / 지방간 / 스트레스
47 관광지 / 순천만 / ① / 입장객 / 토사 / 군락지
48 사도광산 / 강제 동원 / ④ / 금광 / 등재 / 동원
49 분교 / 서울시 / ④ / 학령인구 / 부지 / 통학
50 키오스크 / 디지털 약자 / ③ / 공공장소 / 고령층 / 격차
51 보이스 피싱 / 모르는 사람 / ④ / 출범 / 이성 / 유인
52 복제 / 반려동물 / ③ / 상실감 / 학대 / 노화
53 폐기물 매립지 / 혐오 시설 / ③ / 간척지 / 지자체 / 공모
54 귀농 / 귀어 / 귀촌 / ② / 은퇴 / 소상공인 / 이주
55 청년 / 혼인율 / ② / 혼인율 / 미혼율 / 장만
56 소멸위험지수 / 부산광역시 / ③ / 광역시 / 초고령화 / 유출

과학

68 스타라이너 / 국제우주정거장 / ③ / 유인 비행 / 발사체 / 수송
69 실시간 검색어 / 여론 조작 / ④ / 실시간 / 트렌드 / 점유율
70 보이저 1호 / 태양계 / ④ / 탐사선 / 노후 / 원격
71 발사체 / 재사용 / ④ / 중력장 / 지표면 / 상업화
72 혈액 / 인공 혈액 / ③ / 수혈 / 상온 / 임상
73 우주 강국 / 달 / ③ / 반열 / 결실 / 파트너십

74 플라잉 카 / 자동차 / 헬기 / ④ / 동체 / 이착륙 / 체증
75 지하 동굴 / 달 탐사 기지 / ③ / 방사선 / 유인 / 운석
76 클라우드 / IT 대란 / ④ / 셧다운 / 창출 / 인프라
77 스트레스 / 반려견 / ③ / 비관주의 / 낙관주의 / 반영
78 소변 정화 / 우주복 / ③ / 장착 / 우주 유영 / 프로젝트
79 로드킬 / 인공지능 / ② / 감지 / 전광판 / 다발
80 생명체 / 고대 생명체 / ② / 화석 / 미생물 / 시료
81 풍력 발전 / 윈드 캐처 / ① / 실물 / 소형 / 설계
82 대체재 / 달걀 / ④ / 대체 / 공장식 축산 / 비상식량
83 스무디 / 각설탕 / ④ / 영양 성분 / 섭취 / 염증
84 인공지능 / 파리 올림픽 / ② / 악질적 / 재현 / 테러

94 기후 수능 / 필수 교과 / ① / 화두 / 교과 / 멘토링
95 환경 문제 / 기후 변화 / ④ / 직면 / 인식 / 폭염
96 야행성 / 길고양이 / ② / 구조 / 발병 / 광견병
97 생태계 교란 / 거북류 / ④ / 토종 / 포획 / 양도
98 쿨케이션 / 북유럽 / ④ / 지구 온난화 / 신조어 / 수요
99 남방큰돌고래 / 새끼 / ④ / 서식 / 폐사 / 유영
100 수도 / 인도네시아 / ④ / 이전 / 해수면 / 침하

환경

85 포경 / 참고래 / ③ / 상업적 / 멸종 위기 / 비인도적
86 집쥐 / 생태계 / ② / 야행성 / 교란 / 박멸
87 판타나우 / 화재 / ④ / 습지 / 인재 / 목초지
88 사유 재산 / 동물 학대 / ② / 악화 / 방치 / 경매
89 댐 / 홍수 / 가뭄 / ③ / 권역 / 온실가스 / 화석 연료
90 탄소세 / 덴마크 / ① / 축산업 / 양돈 / 분뇨
91 폭염 일수 / 서울 / ④ / 추이 / 취약 / 뉴델리
92 온실가스 / 이산화탄소 / ③ / 감시소 / 증가세 / 데드라인
93 기후 변화 / 리오그란데강 / ② / 지류 / 농업용수 / 파산

신문 어휘 찾아보기

아래 어휘들이 어떤 기사에서 어떻게 쓰였는지 확인해 보세요.

ㄱ

가동	42	고령층	122	교량	100
가뜩이나	130	고령화	112	교섭 단체	60
가로	140	고물가	38	교신	166
가로채다	222	고분	140	구덩이	176
가성비	52	고지	48	구조	222
가중	78	고학력	44	구직	44
각성	136	골머리	62	군락지	116
간척지	128	공공장소	122	궁성	140
간편식	24	공급망	18	균형	200
감당	54	공립	138	권역	208
감시소	214	공모	128	귀어	130
감지	184	공무원	106	귀추	172
강경	106	공장식 축산	190	극단적	214
개봉	148	공정성	72	글로벌 기업	18
개선	142	공중 보건	90	금광	118
갯벌	116	공직	106	금융 소비자	46
겨냥하다	16	과의존	40	금지	20
격차	122	과징금	48	급성장	52
견제	18	과체중	114	기증	154
결실	172	과태료	48	깊어지다	30
결혼	132	관저	104	까다롭다	46
경로당	156	광견병	222	꺼리다	112
경매	206	광고	22	꽁무니	168
고라니	184	광역시	134	꿈꾸다	66
		교과	218	끓이다	164
		교란	202		

ㄴ

나들이	116
낙관주의	180
낙농업	210
낙찰	150
내몰리다	216
노숙	94
노화	126
노후	166
농업용수	216
누리집	20
눈치	122
뉴델리	212

ㄷ

다국적	60
다리	152
다발	184
다하다	166
대거	36
대금	50
대단하다	74
대북	144
대식가	90
대체	190
덮다	118
데드라인	214
데이터 센터	42
도록	138
도심	222
도피	62
독도	202
돈	34
동원	118
동일 노동	
동일 임금	70
동체	174
동향	24
드라이브스루	88
등재	118
디지털 디톡스	40
뛰어들다	52

ㅁ

막다	68
막히다	178
맞불	98
맞춤	136
맡다	54
매개체	152
매립	98
머무르다	70
먹이사슬	200
메우다	128
멘토링	218
멸균	30
멸종 위기	200
명품	76
모금	100
목축지	204
몰아붙이다	74
문맹률	70
물그릇	208
미생물	186
미적	52
미혼율	132
민심	104

ㅂ

바가지	64
바람개비	188
박멸	202
반대	118
반열	172
반영	136
반응	180
반정부	78
반하다	36
발병	222
발사체	162
방귀	210
방사선	176
방사장	206
방치	206
배송	26
배포	178

번지다	204
변칙	148
병기	150
보상	16
보석	52
보장	16
보험	16
보호소	96
부과	68
부인	118
부정행위	64
부지	120
분뇨	210
불쏘시개	204
붕괴	100
비관주의	180
비상식량	190
비약적	172
비인도적	200
뽐내다	172

ㅅ

사료	30
사룟값	38
사뿐히	168
사육	38
상거래	50
상실감	126
상업적	200
상업화	168
상온	170
상하차	34
생산 가능 인구	146
생산자	30
서빙	26
서식	228
선전	144
선호	34
설	176
설계	188
섭취	192
성물	80
세금	92
세습	144
셧다운	178
소강상태	106
소멸	156
소상공인	130
소셜 미디어	86
소액	16
소폭	156
소형	188
수도권	146
수송	162
수요	226
수익	22
수입	28
수주	42
수질	92
수출액	32
수혈	170
숙박업	82
숙제	114
스크린	148
스트레스	114
습성	206
습지	204
시료	186
시정	80
식감	28
식수	182
신용 대출	46
신조어	226
실물	188
실시간	164
실정	156
쌉쌀하다	136

ㅇ

악질적	194
악화	206
안락사	154
안부	152
알	202
암초	98
압박	100
압사	80
앞세우다	84
애먹다	88

야행성	202	운석	176	인재	204
양도	224	운송	102	인프라	178
양돈	210	운항	142	일다	72
양질	44	원가	76	일파만파	78
어장	98	원격	166	임기	104
얼룩	186	위반	48	임대주택	94
얽매이다	132	위상	140	임상	170
여력	38	위탁	54	입국	74
여론	164	유망주	66	입대	66
연대	74	유영	228	입소문	86
연로	44	유인	124	입장객	116
연안	228	유인	176	입찰	150
열사병	80	유인 비행	162		
염증	192	유출	134		
영세하다	22	유통 기한	28	**ㅈ**	
영양 성분	192	유통업	36		
예약	68	유포	124	자연사	154
옛말	130	은퇴	130	자회사	26
오류	88	음반	32	잠재적	98
오물	144	응시자	64	잡식성	202
온실가스	208	의료진	68	장만	132
완공	102	의석	60	장착	182
왜곡	78	의혹	138	재가	156
외관	26	이공계	72	재정	100
외래종	224	이성	124	재정난	150
요긴하다	182	이전	230	재현	194
용수	208	이주	130	쟁점	118
우군	84	이착륙	174	저렴	30
우리	190	인건비	18	전광판	184
우선 협상자	42	인력난	82	전선	66
우주 유영	182	인식	220	절감	54

점령	74
점유율	164
점화	162
접목	194
접종	96
정비	166
정산	50
정화	182
제자리	32
제재	84
조국	66
조작	164
주둥이	228
주춤하다	22
중력장	168
증가세	214
증식	190
지구 온난화	226
지류	216
지반	230
지방간	114
지자체	128
지출	24
지표면	168
직면	220
진위	138
집사	104
찜통더위	212

ㅊ

참상	74
참전	62
창출	178
채용	54
채취	142
책무	40
천연	52
체증	174
초고령화	134
추세	36
추이	212
축산업	210
출구 조사	78
출몰	184
출범	124
출시	86
출장소	46
출토	140
취약	212
취업난	106
취지	96
침체	32
침하	230

ㅋ

커피	136
키워드	34

ㅌ

탈북민	144
탐사선	166
턱없이	62
테러	194
토사	116
토종	224
토핑	88
통신	152
통신사	66
통학	120
투여	170
트렌드	164
트림	210

ㅍ

파산	216
파운데이션	36
파트너십	172
판매량	32
패류	224
팬데믹	62

편의	24
평등	70
폐기물	84
폐사	228
폐어구	228
폐의약품	152
포획	224
폭염	220
품귀	20
프랜차이즈	88
프로젝트	182

ㅎ

하락	38
하청 업체	76
학대	126
학령인구	120
학부	72
한몫하다	86
할애	68
합계출산율	62
해수면	230
해제	20
해협	92
헌혈	170
혈액형	170
혐오 시설	112
혼수	132
혼수상태	90

혼인율	132
화두	218
화물차	102
화석	186
화석 연료	208
화장장	112
화재	204
확성기	144
환경	218
환불	50
활력	146
회수	20
회원국	60
효율화	46
후손	106
후원금	94
흑자	82
흡수	204

아이스크림 어린이신문 ❹

1판 1쇄 인쇄 2024년 9월 6일
1판 1쇄 발행 2024년 9월 20일

글 이세영

펴낸이 이윤석
출판사업본부장 신지원
출판기획팀장 오성임 **책임편집** 남영주 **출판마케팅** 김민지, 김찬별
편집 김민경 **디자인** KL Design **제작** 한국학술정보
펴낸곳 아이스크림북스
출판등록 2013년 8월 26일 제2013-000241호
사용연령 8세 이상 **제조연월** 2024년 9월 **제조국** 대한민국

주소 (06771) 서울시 서초구 매헌로 16 하이브랜드빌딩 18층
전화 02-3440-4604
이메일 books@i-screamedu.co.kr
인스타그램 @iscreambooks

ⓒ 이세영, 2024

※ 아이스크림북스는 ㈜아이스크림에듀의 출판 브랜드입니다.
※ 이 책을 무단 복사·복제·전재하면 저작권법에 저촉됩니다.
※ 잘못 만들어진 책은 구입하신 곳에서 교환해 드립니다.

ISBN 979-11-6108-746-7(74700)
　　　 979-11-6108-629-3(74700) (세트)

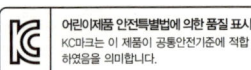